꿈꾸는 낙타

떠도는 인도의 노래

The Dreaming Camel
Photo-essays of a Wanderer through India
Kim Woo-Ryong

꿈꾸는 낙타

떠도는 인도의 노래

글·사진 | 김우룡

눈빛

김우룡은 서울대 의과대학을 졸업하고
미국 뉴욕 국제사진센터(ICP)를 수료했다.
현재 사진가, 가정의학과 전문의, 칼럼니스트로 일하고 있다.
역서로 『의미의 경쟁』 『사진의 문법』 『포토아이콘』 『낸 골딘』
『유진 스미스』 『그리고 사진처럼 덧없는 우리들의 얼굴, 내 가슴』
외 다수가 있다.

꿈꾸는 낙타
떠도는 인도의 노래

글·사진 | 김우룡

개정증보판 1쇄 발행일 ──── 2005년 3월 9일 / 발행인 ──── 이규상 / 발행처 ──── 눈빛 출판사
서울시 마포구 성산동 572-506호 전화 336-2167 팩스 324-8273 / 등록번호 ──── 제1-839호
등록일 ──── 1988년 11월 16일 / 편집·디자인 ──── 정계화·박인희·손현주
출력 ──── DTP 하우스 / 인쇄 ──── 홍진프린테크 / 제책 ──── 일광문화사
값 12,000원

Copyright ⓒ 2005, Kim Woo-Ryong
ISBN 89-7409-957-8

초판 서문

'발전'이라는 말의 뜻이 정신적인 바탕을 가진 나라를 보고 싶었다. 경제의 힘보다 혼(魂)의 힘이 문화를 만들어 가는 곳. 아직 그런 곳이 있다면 보고 싶었다.

사람들은 우리 세기의 슬라브 족의 실험은 실패했다고 말했다. 또한 영원히 실패를 반복하는 나라들도 있다고 말했다. 나는 이렇게 말하고 싶었다. '땅에게 말하게 해보라. 진정한 실패가 무엇인가를….'

인도는 내게 한 페이지로 된 책이었다. 땅의 힘이 사람의 힘을 이기는 곳이고 여느 땅이 여러 전생(前生)이었다. 글과 사진을 보아 주신 조세희 선생님께 감사드린다. 선생님은 젊은 날을 받치는 한 기둥이셨다. 매듭은 이어지기 위해 만들어지고 꿈꿀 권리는 아직 남아 있다.

인도에 감사한다.

1996년 6월
김우룡

다시 인도에… <small>개정판에 부쳐</small>

지난해 여름, 서인도 라자스탄으로 다시 갔다. 오랜만에 우다이푸르를 찾았다. 인구 삼십만의 사막 곁의 작은 도시. 여러 해 가뭄을 겪어 호수 밑바닥이 반 이상 드러나 있었다. 거기 돌로 쌓은 작은 집에서, 돈만 빼고는 지상의 모든 것을 다 가졌다고 말하던 행복한 모터 수리공 샨티를 십 년 만에 다시 만났다.

이제 인도는 더 이상 미지의 영토로 남아 있지 않다. 아니 인도 제 스스로는 처음부터 그렇지 않았을 텐데 타자의 눈에만 항상 미지의 것으로, 그런 환영으로 비쳐 왔는지도 모른다. 하지만 인도는 그 타자의 눈을 스스로의 눈 속에 함께 녹여 존재하는 그런 곳인지도 모른다. 그래서 그런 타자의 인도는 마음속 빈 곳 어딘가에 언제라도 소망의 형태로 남아 있다. 한계 없는 역량과 쉼 없는 성취의 뒤편으로 우리는 영혼의 어두운 습지, 그 숨겨진 땅을 꿈꾼다. 이 기적인 꿈일지라도 그것대로 또 좋다고 생각한다.

유리로 된 카펫이 호수에 떠 있는 꿈을 꾼 뒤, 아들 크리슈나를 얻었다던 샨티는 붕가라는 최면제에 취해 내 팔을 붙잡고 놓아 주질 않았다. 일상과 노동이 그에겐들 쉬웠을까. 해가 설핏 지고 나면 까마귀 몸집만한 커다란 박쥐들이 하늘을 까맣게 덮곤 했다. 나는 나를 붙잡은 그의 손을 풀고 편리함과 상업과 오락을 위한 곳으로 되돌아왔다. 나는 그럴 수밖에 없었다.

지금, 하늘을 우러러 한 점 부끄러움이 없다는 사람들의 목소리는 거친 노래가 되어 세상에 가득하다. 응보의 역사가 마땅하기는 해도 어떤 전형의 것, 채워진 것, 힘 실린 화살과 같은 것, 바닥처럼 요지부동한 것은 여전히 내게 낯설다.

책이 몸을 입어 세상에 나온 뒤, 어디선가 낮은 숨 길게 쉬다가 그래도 영영 스러지지 않음은 그동안 받아온 작지만 벅찬 애정 때문이다. 부끄럽고 고맙다. 곱게 꾸며 준 눈빛 식구들에게 감사한다.

2005년 2월
김우롱

잘패구리, 웨스트 벵갈

차례

초판 서문	5
다시 인도에… 개정판에 부쳐	6

인도, 인도, 인도	38	그 언덕으로 환생하여라	116
델리	42	칠월 이일의 일기	124
힌두	48	술과 환상과 인도	128
지상의 지옥, 천상의 노래	56	인도양의 어부	134
인도양	64	환상을 찾아서	138
비의 노래	68	라다크에서의 예수	146
하우라 철교	72	칸치푸람의 우주	152
마유코의 한국	78	캘커타의 릭샤	156
인도의 반딧불	84	수잔나의 눈물	160
형제 '파트'	90	라지푸트의 춤	164
살아온 나날	94	황혼의 몽따부	170
비를 내리소서	98	소의 나라	178
살아 있는 간디	102	누란의 사랑	182
어린 소의 죽음	108	꿈꾸는 낙타	188

에필로그 | 그때 우리는 너무 바빴다	193

재래 시장, 뭄바이

인도는 몸속에 녹아 있는

자신의 인도를 깨우기 위해 가는 것이다.

우리 모두는 조그만 인도 하나씩을

가슴 깊은 곳에 묻어 놓고 산다.

삶을 삶이라고 말하기조차 부끄러운 지상의 도시에서

우리는 현실의 삶을 살지만,

아물거리는 꽃의 지평선을 망막 속으로 불러내는 일은

인도를 상상함으로써 가능하다.

순례자 네 자매, 함피, 카르나타카

쿠리, 라자스탄

자이살메르, 라자스탄

우다이푸르, 라자스탄

우다이푸르, 라자스탄

델리

우다이푸르, 라자스탄

우다이푸르, 라자스탄

우다이푸르, 라자스탄

푸쉬카르, 라자스탄

푸쉬카르, 라자스탄

우다이푸르, 라자스탄

우다이푸르, 라자스탄

이제 인도는 더 이상 미지의 영토로
남아 있지 않다.
아니 인도 제 스스로는 처음부터
그렇지 않았을텐데
타자의 눈에만 항상 미지의 것으로,
그런 환영으로 비쳐 왔는지도 모른다.
하지만 인도는 그 타자의 눈을 스스로의
눈 속에 함께 녹여 존재하는
그런 곳인지도 모른다.

01
인도, 인도, 인도

그것은 라자스탄의 작은 마을 데오랄라에서 일어난 일이다. 초급대학을 졸업한 스물한 살의 신부(新婦)였다. 결혼한 지 칠 개월이었다. 그가 젊은 남편이 죽자 산 채로 화장당한 일이 일어났다. 자기 스스로 그렇게 했다. 정통 힌두에서 이것을 '사티'라고 부른다. 힌두가 아직 살아 있었다. 사람들은 열광했다. 인도인들의 열광은 그야말로 불에 기름을 끼얹는 것과 같다. 수십만 명의 순례 행렬이 이 작은 마을에 몰렸다. 보수적 힌두교도들은 고무됐고, 진보적 여성단체들은 경악했다. 나는 기사를 읽다 말고 백과사전을 열었다.

힌두를 찾고 싶었다. 그것은 영어로 힌두이즘 hinduism이라고 박혀 있다. 간디가 떠올랐다. 중학생 시절이었다. 고개 하나를 사이에 두고 긴 터널이 있었다. 남쪽 그 도시에 하나밖에 없었던 그 긴 터널은 그때도 숨이 막혔다. 아버지의 자전거를 몰래 타고 그 터널을 건너갔다. 그리고 책을 한 권 샀다. 육십 원. 그래, 그 육십 원의 간디. 그 육십 원의 간디가 내 몸 어디엔가 무의식으로 숨어들어가 몇 개의 구멍을 열어 놓고 겨우 숨쉬면서 살아 있었다. 인도는 간디로 떠올랐던 그런 시절이 있었다. 나는 다른 나라말로 씌어진 사전의 설명을 한 줄 한 줄 읽어 내려갔다.

힌두의 가장 중심되는 말은 무엇인가. '다르마 dharma'라고 씌어 있다. 다르마. 진리? 그리고 현대의 인도에서 부서지고 있는 힌두가 씌어 있다. 카스트는 물론이고 카르마 karma와 환생의 믿음조차 부서지고 있다고 씌어 있다. '카르마'? 업(業)이다. 업과 환생과 진리와 사티와 간디. 나는 그것들

프라탑 칸추리 부근, 라자스탄

을 천천히 입속으로 불러 보았다. 노트에 그 단어들을 옮겨 적었다. 나는 잊혀져 있던 인도를 가만히 불러내었다. 인도, 인도, 인도. 그리고 나는 기다렸다.

세상이 온통 일등을 향해 달려가고 있었다. 모두가 힘찬 근육질의 마음들로 번들거리고 있었다. 주위는 바삐 움직였고 온 땅이 적극적이었다. 모든 잠잠하고 여린 것들은 그들의 할말을 잊었다. 모두들 그랬다. 외로웠다. 세상이 원하는 일등이 될 자신은 도무지 없었다. 그러기에는 내 속에 숨겨진 타고난 감성은 너무나 식물적이었다. 그런 깊은 의식의 뿌리로부터 인도는 서서히 다가와 마침내 내 일상의 일들과 나 사이에 형체도 없이 조용히 들어앉는 것이었다. 그것은 보이지 않는 인동꽃의 향기와도 같은 것이었다.

나는 인도로 갔다.

새벽 호수, 우다이푸르, 라자스탄

02
델리 　1993. 칠월. 델리

그날 델리에 처음 닿았을 때, 이 지구상의 정말 또다른 수도에 왔다는 느낌이 들었었다. 두 시간을 연착한 비행기는 새벽 두 시에 형광등이 꼬물거리는 공항에 사람들을 부렸다. 손가락 하나로 여유만만하게 두드리는 공항의 컴퓨터 자판은 때에 절어 반질반질했다. 한 시간을 찾아 헤맨 내 배낭은 항공사의 실수로 방글라데시의 다카로 가 버리고.

인도는 아무것도 가지지 않는 방법을 첫날부터 가르쳐 준 셈이었다.

7월의 델리는 도시 전체가 열에 구워지고 있다. 사암으로 지어진 고층 건물들의 인상은 열에 달구어져 불그스름하게 변색된 피로를 보는 듯하였다.

그러나 모든 인도가 그렇듯 시간이 흐르면서 오직 그 붉음만이 델리의 빛깔이기라도 하는 양 내 눈에 아름다움 자체가 되어 버리는 것이었다.

올드 델리의 그 비좁은 시장길을 걸으면서, 자욱한 길 먼지를 뒤집어쓰면서, 말과 소, 인력거와 자전거, 트럭과 우마차가 한데 섞여 몸부림치듯이 움직여 가는 것을 본다. 그것은 생명의 광경이었다. 나는 내 속 깊이 묻혀져 있던 조그만 기억의 공명통 하나가 댕댕거리는 소리를 내며 눈물로 솟아 나오는 것을 한참 동안이나 보고 있었다.

릭샤의 야위고 불끈한 종아리를 볼 때나, 가난한 여인이 두른 사리의 형언하기 힘든 아름다운 색을 볼 때나, 지천으로 흩어져 밟히는 쓰레기 속에 언제나처럼 섞인 꽃잎들을 볼 때나, 한 장에 일 루피짜리 짜파티를 사들고 와 여관

아루, 카슈미르

방에서 물과 섞어 배를 채울 때, 나는 내 속에 숨겨진 기쁨의 신경들이 한꺼번에 흔들리며 일어나는 것을 몸으로 알 수 있었다.

인도는 몸속에 녹아 있는 자신의 인도를 깨우기 위해 가는 것이다. 우리 모두는 조그만 인도 하나씩을 가슴 깊은 곳에 묻어 놓고 산다. 삶을 삶이라고 말하기조차 부끄러운 지상의 도시에서 우리는 현실의 삶을 살지만, 아물거리는 꽃의 지평선을 망막 속으로 불러내는 일은 인도를 상상함으로써 가능하다.

델리의 동쪽으로 야무나 강이 흐르고, 붉은 요새라는 왕궁이 있다. 수많은 가난한 인도인들이 이 관광지를 메우고 있다. 때깔들이 도무지 관광객이라고 보기 힘들었다. 그것도 많이들 맨발이었다. 무슨 관광지에 일꾼들이 이리 많을까.

"뭐 하는 사람들이야?"

내가 안내자에게 물었다.

"너하고 꼭 같다. 구경온 사람."

건장한 초로의 시크 교도는 유창한 영어로 내게 말했다.

어떤 때, 인도의 말들은 잠언처럼 들릴 때가 있다. 우리 모두는 세상을 구경하고 있다. 나이키를 신었든, 맨발이든 구경은 삶의 까닭인지 모른다. 삶의 까닭이 구경이라면 인도는 우주만큼 넓다.

올드 델리

올드 델리

03
힌두   1993. 칠월. 바라나시, 우타르 프라데시

바라나시에서 델리로 돌아오는 날, 델리로 가는 막차가 이미 떠나 버렸었다. 바라나시 역에서 합승 버스로 한 시간을 가니 사르나트 역이 나왔다. 삼등칸 차표 하나를 겨우 손에 넣고 역 주변의 노점상에게서 물 한 병을 샀다. 밤을 새워 달려 델리로 갈 것이다.

문득 통로에 쭈그리고 앉은 내 귀에 열차 바깥 쪽에서 무어라 중얼거리는 소리가 들린다. 사람이었다. 열차문 손잡이의 철봉과 문 틈으로 난 공간에 팔을 걸고 날렵하게 바깥 벽에 붙어 있는 것이었다. 인도의 밤 열차가 얼마나 무섭게 달리는지는 타 보지 않은 사람은 모른다. 그러나 매달려 있는 사람은 전혀 기죽지 않고 연신 무언가 중얼거리고 어떤 때는 주정뱅이처럼 고함도 쳐댄다.

그가 인도의 사두다. 그것도 무임승차중에 있는 힌두 사두다. 그러나 내 곁에는 아주 좋은 얼굴로 또 한 사람의 무임승차 사두가 나와 몸을 맞대고 앉아 있다. 그는 그 비좁은 통로의 와중에도 고요함을 전혀 잃지 않은 표정으로 눈을 내리깔고 앉아 있다.

어림잡아 이삼십만의 사두가 걸인 행색으로 인도의 남과 북, 동과 서를 구름처럼 바람처럼 다니고 있다. 남쪽의 함피 같은 곳에는 아예 몇 달씩 둥지를 틀고 앉기도 하고, 북쪽의 카슈미르로는 춥지 않은 여름에 원정 공격을 하기도 한다.

천태만상, 그들을 바로 표현하는 말이다. 같은 사두이면서도 그들은 그야

사두 Sadhu | 힌두의 방랑 승려

A PERFECT WORLD. 캘커타, 웨스트 벵갈

말로 천태만상인 것이다. 다만 자유롭다는 것은 누구에게나 동일하다. 그리고 걸식 또한 그들에게 동일하다.

나는 황색의 법의를 입고 불교로 귀의한 서양인들은 자주 보았으나, 사두의 행색으로 다니는 힌두교에 귀의한 서양인들은 보지 못했다. 많은 아쉬람에서 서양인들을 위한 프로그램을 제공하지만, 실제로 주유천하하면서 방랑 사두가 되어 버린 서양인들은 보지를 못했다.

힌두는 기원전 15세기에 아리아인이 침입해 들어오기 전부터 인도에 있었다. 힌두의 경전이라고 하는 베다도 사실은 아리안의 것이었고, 그것이 힌두에 동화되어 힌두의 것으로 전변(傳變)된 것에 불과하다. 긴 세월로 볼 때, 힌두는 인도 사람이 아니라 마치 인도 땅인 것처럼 존재해 왔다. 어떤 외래의 것이 인도로 오든 간에 힌두는 그런 외래의 것을 제 것으로 바꿔 버리는 힘을 갖고 있다. 12세기부터 시작된 이슬람의 침입도 그러했고, 아프칸으로부터 온 징기스칸의 후예인 무굴제국도 그러했다. 인도는 이런 모든 바깥으로부터 온 것을 제 힘으로 녹여 버리는 유장한 뜨거움을 가지고 있다. 그것은 사람의 지성이나 관습의 그것이 아니라 땅의 뜨거움에 의한 것이라고 보아야 할 것이다. 그러다가 자이나교와 불교가 힌두교에서 파생되어 나왔다. 자이나교는 불교보다 조금 늦게 힌두 교리 가운데 아힘사 ahimsa를 강조하면서 분파했고, 불교는 힌두의 교리를 보다 정치하게 발전시키고 승가를 형성하고 확립된 교리를 가져 나가게 된다. 생명 경외 사상 – 아힘사 – 을 철저히 따르는 자이나교는 철저한 채식주의를 실행한다. 눈에 안 보이는 살아 있는 벌레를 먹지 않기 위해서 천으로 입을 가리고 사는 신도도 있다. 1993년 현재 370만의 신도

해발 5,270미터의 힌두사원, 카슈미르

가 인도 전역에 퍼져 있다. 불교는 500만의 신도가 있으나 그 초반의 융성에 비해서는 너무나 초라하여 라다크를 비롯한 북쪽 지방을 제외하곤 본토에서는 거의 찾아볼 수가 없다.

불교가 인도에서 크게 살아남을 수 없었던 것은 어찌 보면 당연한 것으로 보인다. 인도는 정치(精緻)한 종교가 살아남을 수 있는 토양이 아니다. 팔정도 사성제의 종교, 큰 수레와 작은 수레, 그리고 또다른 탄트라의 갈래를 가지고 서로를 탁마하면서 발전하는 수직의 세련성을 지닌 교리. 그런 교리를 가진 종교를 받아들이기에는 인도는 너무 뜨겁다. 힌두교와 여러 면에서 비슷한 외연을 가진 자이나교가 오늘날까지 인도에서 줄기차게 명맥을 잇고 있는 것과는 대조적이다. 요컨대 사변(思辨)이 강한 종교를 인도는 수용하기가 힘들었던 것이다.

힌두교는 어느 것도 다 신이 되고 어느 것도 다 신의 자녀가 된다. 그래서 사람과 다른 생명, 혹은 생명과 무생명을 갈라놓는 경계가 없다. 모든 것은 브라만이라는 궁극의 신에게서 나왔다. 다만 겉으로 드러난 꼴만 다를 뿐이다.

힌두교는 교조가 없다. 이슬람처럼, 기독교처럼, 불교처럼, 드러나 있는 교조가 없이 아득한 먼 옛날부터 입으로 눈으로 전해온 종교 양식일 뿐이다. 교단도 없고 선교도 없다. 이런 바람 같고 물 같은 종교를 어떻게 서양인이나 서양 교육을 받은 우리가 이해할 수 있을까.

힌두교는 신과 피조물이 함께 부대끼며 인도의 거리를 지나가는 것을 말한다. 어느 곳에도 신은 존재하며, 어느 곳에서도 신은 경배된다. 교조도 교단도 선교도, 교리도 없다. 그러나 신은 너무도 구체적으로 있다. 길가에도, 학

장선(葬船). 파트나, 비하르

교에도, 집에도, 버스 안에도 그 희극적인 모습의 신은 공간과 시간에 충만해 있다. 마드라스의 아침 해변에도, 라자스탄의 사막으로 지는 석양에도, 바라나시의 갠지스 가트 가에도, 올드 델리의 먼지 날리는 시장통의 골목길에도, 캘커타의 하우라 철교 기슭의 힌두사원에도, 갓 태어난 아기의 이마에 그려진 힌두의 물감에도 힌두의 신은 있다.

우주의 중간에 혼돈이라는 임금이 있었다. 남해의 임금 숙과 북해의 임금 홀이 혼돈으로부터 후한 대접을 받았다. 그들은 그 보답으로 아무런 형체가 없는 혼돈의 얼굴에 구멍을 뚫어 준수한 얼굴로 만들어 주기로 했다. 그러나 형체가 드러나 가던 혼돈은 7일째에 죽어 버렸다. 『장자(莊子)』「응제왕편」의 마지막 귀절의 얘기이며, 『장자』「내편」 전편을 결산하는 얘기다. 혼돈을 혼돈 그대로, 구름을 구름 그대로 놔둘 줄 아는 단 하나의 종교. 그것이 힌두다. 인도를 여행하면 도처에서 죽어 있는 소를 만난다. 그것은 독수리에 뜯기고 나면 천천히 풍화하여 뼈를 드러낸다. 힌두는 풍화하고 있는 소뼈와도 같다. 그저 풍화하도록 버려둔 뼈 하나에 모든 것이 있다. 다르마도 환생도 카르마도 아힘사도 있다.

힌두는 지평선을 보는 것이라고 누군가 말했다.

나는 그저 땅 위를 빈 손으로 걸어가는 것이 힌두라고 말하고 싶다.

바라나시, 우타르 프라데시

04
지상의 지옥, 천상의 노래 1994. 이월. 봄베이

두번째, 인도로 갔을 때, 나는 봄베이(현 뭄바이)로 갔다. 로마의 다 빈치 공항에서 인도항공을 타고 갔다. 다빈치 공항에선 이탈리아 돈이 떨어져 물만 마시며 두 끼를 때웠었다. 비행기 안의 옆자리에서 은퇴한 이탈리아인 의사를 만났다. 뻬뽀네 얘기에 나오는 신부 같은 그런 인상의 의사였다.

그가 말했다.

"나는 놀고 싶다. 그래서 일찍 은퇴했다."

"애도 없고 마누라도 없다. 결혼 안했으니까. 인도 다섯번째다."

그가 또 말했다.

"너, 돈하고 자유, 둘 다 가지려면 둘 다 놓친다."

5주 여행 계획이라는데, 초등학생 소풍갈 때 메는 배낭 하나가 그에게 딸린 무게의 전부였다.

지독한 인도항공. 맥주값을 따로 받는 아마 유일한 항공사일 게다. 내 맥주 값을 그 가난한 이탈리아인 의사가 대신 냈다. 천사백 리라. 도중에서 밥 먹고 있는데, 비행기가 한 백 미터 수직으로 떨어졌다. 양은으로 만든 식기가 천장으로 가 붙었다. 내다보니 비행기 날개를 여러 조각들로 땜질한 것이 하필 눈에 들어왔다. 색깔이 영 안 맞다. 인도 땅이 보일 때까지 조마조마했다. 비행기 안을 돌아보니 거의가 핼쑥한 유럽 거지들이다. 내 눈에는 그렇게 보였다.

의사 아슬람의 진료실. 스리나가르, 카슈미르

봄베이는 우선 해변가 쪽으로 가야 한다. 무작정 버스를 탔다. 택시? 이젠 그런 것 안 타도 될 만큼 간이 커져 있었다. 남쪽으로 쭉 내려와 타지 호텔 옆의 무슨 무허가 합숙소 같은 낡은 건물의 4층으로 들어가는 데 물어물어 세 시간이 걸렸다. 물가가 비싸기로는 인도의 동경이라고 할 만하다.

새벽에 어슬렁거리며 길가로 나왔다. 동쪽으로 난 해변이니까, 해돋이를 볼 수 있다. 아직 해가 뜨려면 한참이나 남았다. 아스팔트 위 곳곳에 누더기를 펴고 잠들어 있던 사람들이 부시시 깬다. 옆에는 소가 똥을 누고 있다. 바로 곁에는 동양에서 가장 고급스럽다는 타지 호텔이 그 찬란한 위용을 드러내고 있다. 천천히 훑듯이 걸어 나갔다. 인도 거리의 아침에 볼 수 있는 광경은 도시나 농촌이나 딱 두 가지다. 이 닦는 광경과 배설하는 광경. 어디서나 그 잘난 이빨을 열심히 닦는다. 한 번은 시골에서 본 광경이다. 나뭇가지를 쓱 꺼내더니 이빨을 문지르고 다시 소중히 집어넣는 것이었다. 그리고 이날 아침의 또 다른 광경. 썰물로 드러난 부둣가의 좁다랗고 까만 자갈밭에 어른 아이 할 것 없이 빽빽이 앉아서 그걸 본다. 크고 작은 것들이 달려 있다. 차라리 소는 그곳까지 내려갈 필요는 없다. 전에 바라나시로 가는 기차에서 만난 바라나시 대학의 수학 교수가 심각한 표정으로 이렇게 말했다. "인도의 환경오염 중 가장 중요한 것이 뭔지 아니? 그게 바로 사람 배설물이다."

그런 해변의 끝에 있는 것이 새벽 어시장인 새순 독크다. 아라비아 해의 연안 어장에서 밤새 잡은 해산물이 여기서 거래된다. 약 10미터 높이로 축조된 방파제 같은 것이 바다 쪽으로 쭉 내밀려 있고, 썰물 때라 그것은 더욱 높아 보인다. 둘레에 아무런 방책도 없이, 꼭 굵은 성벽의 꼭대기 같은 곳에서 사람들은 곡예하듯이 뛰어다니며 갖가지 해산물을 팔고 있다. 인도의 활기. 욕심 적은 사람들의 활기는 그대로 신명이랄 수 있다. 그런 활기를 한참을 보고 있으면 보는 쪽이 처연해진다. 우습기도 하고 슬프기도 한 그 순수한 활기. 인도는 어느 만큼 이상의 근대화는 이룰 수 없을 것이다. 그건 그 도크에 나와 일하는 여인네들의 옷을 보면 안다. 그들은 어디에서건 그들의 길고 화려한 색깔의 사리를 포기하지 않는다. 간편복이라는 근대적인 옷이 인도인의 작업장으로 들어갈 틈은 앞으로도 쉽게 생기지 않을 것이다. 사람들이나 고기들이나 다 시커멓다. 승용차를 타고 온 말끔하게 차려 입은 여인네 하나가 무언가를 열심히 사 모으고 있다. 그녀의 옷도 사리다. 여인네의 의상에 있어서는 평등이 실천되는 곳이 인도다.

그런 후에 나는 오후의 전동차를 타고 봄베이 교외로 나갔다. 열차 안에서 손으로 깎아 만든 캐스터네츠를 치면서 노래하는 거지 소녀를 보았다. 자세히 보니 그는 장님이었다. 끈질긴 노래였다. 끈질긴 인도의 노래. 갑자기 뚝 그친다. 누군가 그릇에 돈을 넣어 준다. 봄베이 교외는 우리의 1960년대로 거슬러 간 풍경이었다. 넓은 철판에 시멘트와 모래를 이겨 콘크리트를 만드는 것을 어디서나 볼 수 있다. 소규모의 아파트들. 그리고 철로가에는 어김없이 도열해 있는 판잣집들.

돌아오는 길은 걸었다. 시장을 지나고 주택가를 지났다. 중간중간의 사원은 그냥 지나치기로 했다. 길에 널려 있는 사람들의 얼굴이 신의 얼굴들보다 훨씬 흥미로운 곳이 봄베이였다.

참으로 희한한 소리에 이끌려 나는 지금 어디론가 가고 있는 것이다. 주문인 것 같기도 하고 노래 같기도 한 열광하는 합창은 단조롭고 동일한 선율을 반복하여 끝없이 계속되고 있었던 것이다. 시장통을 막 벗어난 어느 공회당 같기도 한 이층의 한 방에서 놀랄 만한 볼륨의 그 소리는 터져 나오고 있었다. 한 사람이 무언가 사설을 하면서 앞매김을 하면 거의 수십 명의 사람이 후렴을 부른다. 그것은 같은 선율과 가사의 반복인데, 거듭할수록 그 속도는 빨라지고 있다. 나중에는 방 전체가 광란한다. 놋쇠로 된 손 심벌즈가 귀를 찢을 듯하고, 따불라가 그 뒤를 급하게 받치면서 따라간다. 사람들의 얼굴에 광기가 서린다. 자욱한 향의 연기. 대체 이것이 무슨 짓이란 말인가. 종교집단인 것은 분명하다. 여기도 우리처럼 신흥종교가 많은 것인가. 아! 그러나 그들이 부르던 노래는 그 유명한 「바가바드 기타」였다.

간디가 매일 읽고 묵상했다던 성스러운 그 「바가바드 기타」.

힌두는 원래 형식화된 경전이 없다. 다만 베다라는 송가 문학과, 마하바라타와 라마야나라는 종교문학이 있을 뿐이다. 이 철저한 구전문학적 종교 경전 중의 하나인 마하바라타의 일부가 「바가바드 기타」이다. '신의 노래'라는 뜻의 이 경전은 왕자 아르주나가 비쉬누 신의 현신인 크리쉬나의 도움으로 활약하는 무용담으로 엮여 있다. 끈질기게 인도 민중의 입으로 전해진 이야기들이기 때문에 가지를 치고 새끼를 낳아 여러 갈래의 이종(異種)들이 있다. 구전된 어떤 인도 노래는 사흘을 쉬지 않고 부른다고 한다. 나는 라자스탄의 어느 마을에서 한 끼의 저녁을 사 주고 떠돌이 노랫꾼에게서 쉬지 않는 노래를 들은 적이 있다. 악기는 탬블린처럼 생긴 작은 북 하나, 그 외는 모두 자신의 몸과 영혼의 기억으로 부르는 것이었다. 두 시간을 쉬지 않고 부르고 있었다.

그런 노래를 듣고 있으면 수천 년 전의 인도의 지평선이 눈앞에 어른거린다. 우리에게 간디의 영어판 번역으로 알려진 「바가바드 기타」는 결코 성스

럽게 보관되어 있는 성전이 아니었다. 시장판의 인도인들이 모여 나그네의 눈에 마치 광신자인양 비칠 정도로 떠들고 노래할 수 있는 오늘도 살아 있는 인도의 노래였다. 고대와 현대, 성스러움과 일상이 함께 부대끼고 노래하는 땅. 나는 지금 그 땅을 밟고 있는 것이다.

그런 생각을 하며 숙소로 돌아오고 있었다. 빅토리아 역 앞을 지난다. 누군가 황급히 앞을 막는다. 나체의 거지 소년이다. 멀리서부터 나를 노리고 있었던 게 분명하다. 신문지 조각으로 팬티를 해 입었는데, 삐죽이 음모가 돋아나 있다. 어깨를 완전히 제끼고 자신의 갈비뼈를 드러낸다. 보라는 얘기다. 봄베이에 있는 며칠 동안 빅토리아 역 쪽으로 가면 늘 그를 만났다.

누군가 봄베이를 지상의 지옥 hell on earth이라고 말했다. 그는 서양의 저명한 사진가의 이름으로 된 상을 받은 이탈리아 출신의 사진가이다. 지상의 지옥. 그렇다. 냉정하게 서구인의 입장으로 본다면 봄베이는 지상의 지옥일 수 있다. 어림잡아 십만이 넘는 아이들이 봄베이의 거리에서 산다. 새벽의 봄베이 변두리 거리로 나가 보라. 번듯한 시멘트 공간이 있는 여느 도로 위에도 담요를 덮고 자는 가난한 인도인들을 볼 수가 있다. 남인도에서 만난 한 서양 여행객도 같은 말을 했다. 처음 인도에 왔을 때의 그 경악한 마음. 그것은 지옥과 같았을 것이다. 그러나 그 지옥의 인도가 차츰 자연 그대로의 인도로 바뀌더라는 것이다. "땅과 가장 가까운 잠을 자는 그들"이라고 그는 말했다.

우리가 지상의 지옥을 찾을 때는 마음으로 찾아보아야 한다. 천국 또한 마찬가지다. 밤을 맞는 거리의 노점상 하나가 그의 노점을 벌이기 전에 손을 모으고 긴 기도를 하고 있다. 지상의 지옥에서 올리는 그의 기도는 어쩌면 천상의 노래일지도 모를 일이다.

05
인도양 <small>1994. 이월. 마드라스, 타밀 나두</small>

여행은 새벽에 하는 것이 제 맛이다. 어느 낯선 도시에 들러 허름한 방을 정하고 땀에 절은 속옷 등을 대강 씻어 널고, 남아 있는 돈을 셈하고 저녁을 때우고 나면 일찍 잠자리에 든다. 거의 새벽 세 시에 일어나게 되는데, 그때부터 책을 뒤지고 일기를 쓰고 카메라를 닦고 그날의 일정을 세운다. 새벽에 낯선 동네를 돌게 되면 낮에는 만날 수 없는 찡한 것들을 많이 본다. 운좋게 아주 맑은 얼굴을 보게 되는 것도 이 아침 시간이다. 이런 버릇이 지나쳐서, 아테네에서는 새벽에 아크로폴리스에 올랐다가 두 시간 동안이나 입구에서 벌벌 떨며 경비원과 신경전을 벌인 일이 있긴 했지만.

마드라스에 처음 닿은 다음날, 나는 인도양으로 통하는 벵갈만의 허리쯤에서 뜨는 아침 해를 보기 위해 서둘러 바닷가로 갔다. 십오 킬로미터나 길게 펼쳐져 있는 마드라스 해변의 해 뜨는 광경은 실로 장관이다. 해는 오늘도 극동과 인도차이나 반도를 깨우고 미얀마의 어둠을 씻어낸 후 마드라스로 왔을 것이다. 기묘한 모양의 아침 구름을 헤집고 떠오르는 해는 나그네의 마음에 불로 달구어 찍어 놓는 낙인과도 같은 인상을 남긴다. 원시의 사람들이 어째서 태양 숭배 신앙을 갖게 되었는지를 미루어 알 수 있을 만큼 신비롭다. 그 새벽의 해변을 걷는다. 유럽 각 나라의 동인도회사 건물들이 아직도 정정하게 서 있는 저편의 도심을 오른쪽으로 하고 인도양을 향해서 나는 남쪽으로 걷고 있다.

캘커타, 웨스트 벵갈

드문드문 사람들이 해변에 앉아서 해바라기를 하고 있다. 수평선을 향해 무엇을 빌고 있길래 저렇게 쪼그린 채로 미동도 없을까? 벵갈만 한가운데로부터 해변을 향해 밀려 들어오는 끈질긴 파도를 보면서 사람들은 거의 일정 간격으로 해변에 끝없이 앉아 있는 것이었다.

그러나, 아! 이 어쩐 일인가. 한참을 같은 자세를 한 사람들을 보고 지나려니 아뿔싸 그것은 신앙의 자세가 아니었다. 그것은 참으로 생리적인 자세가 아닌가.

나는 갑자기 변의를 느끼게 되는데, 그것은 걷잡을 수 없는 속도로 몸의 아래쪽을 향해 곤두박질치고 있다. 여행중에는 항상 빠른 상황 판단이 필요하다. 더구나 이런 일에는 그야말로 '퀵 디시전 quick decision'이 필요했다. 반경 일 킬로미터 안에는 화장실 같은 건물은 보이지 않았다. 겹친 격으로 어깨에 맨 배낭에는 카메라 도구뿐, 휴지는 어디에도 없었다.

그냥 하기로 했다. 그들처럼.

그런 후 나를 받아준 아침의 인도양에 감사했다.

시원했다.

잔망스런 인도인 둘이 저쯤에서 자세를 낮추고 나를 바라보고 있었다.

그 흰자위 많은 눈을 더 크게 뜨고서.

마드라스

06
비의 노래 1993. 칠월. 파하르 간지, 델리

그날 델리는 우기로 접어들고 있었다.

하늘이 온통 까맣게 변하더니, 그 까만 하늘에서 흰 비가 터져 나오는 것이었다. 그건 터져 나왔다는 말이 맞다.

몬순의 시작! 온 땅은 그들의 목마른 입을 열어, 한 해 만에 돌아온 하늘의 나들이를 받아들이고 있었다. 길은 순식간에 발목이 빠지는 진창의 질펀한 삶으로 바뀌고, 사람들의 얼굴엔 반가움과 불안이, 내일의 빵과 함께 시간의 모자이크처럼 서로 엉기고 있었다.

아! 그런 날, 파하르 간지의 큰 길가에 나가 우산도 없이 홀로 서 보라. 그리고, 더운 김을 뿜어내는 거세된 말의 지친 눈동자를 가만히 들여다보라. 그 망막에도 인도의 비는 태초의 것처럼 쏟아져 내리고 있을 것이다.

파하르 간지 | 올드 델리의 대표적 저잣거리

삶은 일 년 만에 돌아온 그 하늘의 수직 강하를 통해,
맨발로 넝마 같은 보금자리 둘레를 술래잡기하는
인도 아이들의 얼굴에도,
새까만 설겆이통에서 꺼낸 짜이 잔을 뜨겁게 채워 주는
앞니 하나 없는 거리의 찻집 주인에게도,
천 킬로도 넘어 떨어진 캘커타의 하우라 다리를
힘겹게 경사 오르고 있을 릭샤의 매끄럽고 날씬한 그 종아리에도,
우다이푸르 호수의 종치기 영감에게도,

주막. 마날리, 히마칼 프라데시

터무니없이 풍성한 희망 하나씩을
저마다의 가슴에 안겨 주는 것을 나는 보았다.
세상과 우주의 어떤 신이라 하더라도 빼앗지 못할 첫 이슬 같은 희망.
"자! 이제부터 다시 시작이다."

07
하우라 철교 1994. 칠월. 캘커타, 웨스트 벵갈

그날도 나는 하우라로 갔다.

하우라는 캘커타에 있는 다리지만 그건 인도의 다리라고 불러야 한다. 갠지스 강을 가로질러 서 있는 교각 없는 민숭한 쇳덩어리의 구조물이다.

길이 450미터의 이 다리 양 옆에는 "인도인이여! 하우라 다리를 자랑스러워하자"라고 씌어 있다. 갠지스의 흐름을 믿듯이 인도인들은 교각 하나 없는 이 무쇠 덩어리 다리를 신앙처럼 믿고 있다. 하우라는 결코 무너지지 않을 것이다. 어머니의 강인 갠지스가 받치고 있으므로.

하우라 다리 위를 고대와 현대가 함께 지나다닌다. 간혹 벤츠 자동차도 지나지만 우마차와 인력거와 고철 같은 전차도 지나간다. 그리고 고대적부터의 인도인들이 중국의 쿨리들처럼 바구니 두 개를 출렁거리면서 지나간다. 뒤에서 보면 그런 인도인들의 두 볼기짝은 정확한 리듬으로 흔들리는 것을 볼 수 있다. 그리고 삶과 죽음이 이 다리의 이편 저편에 함께 기대어 있다. 나는 죽은 지 며칠이 되어 악취를 풍기는 작은 부피의 사람 몸 하나가 다리 기슭에 누워 있는 것을 보기도 했다. 그런 하우라의 중간에 서면 몸 전체가 휘청일 정도로 다리가 출렁이는 것을 알게 된다.

강의 동쪽에서 바람이 불어왔다. 벵갈만에서 불어오는 바람은 갠지스를 거슬러 서북쪽 히말라야를 향해 간다. 다리 동쪽 끝에서 아래로 난 층계를 타고 내리면 거기 캘커타의 꽃시장이 있다. 꽃송이만을 따 담은 삼실로 짠 큰 자루에 꽃들이 무슨 짐짝들처럼 눌리고 쟁여져 있다. 아르키메데스 시대의 저울 모양을 한 큰 천평으로 무게를 달아 꽃들을 판다. 인도에서 꽃은 마음의 허기를 채우는 양식과 같은 것이다. 거기엔 천민과 귀족이 따로 없다.

나는 남인도의 방갈로르에서 이파리 하나 달리지 않은 맨 꽃송이들을 광주리 하나 가득 담아 팔고 있는 젊은 여인을 본 적이 있다. 그 꽃은 한 번 사용된 꽃, 헌 꽃이었다. 가난한 사람들은 헌 꽃을 고르면서 즐거워하고 있었다.

그 꽃시장을 지나면 하우라 강가가 나온다. 살아 있는 사람들은 거기서 갠지스에 몸을 담그고 강을 향해 손을 모은다.

인도의 강은 모두가 갠지스는 아니지만
모든 갠지스는 인도의 강이다.
어머니의 강이다.

하우라의 아침은 걸인들을 위한 식사 배급으로 시작된다. 강가의 돌로 된 바닥에 더러는 비닐을 펴고 더러는 종이를 펴고 그도 없으면 큰 나뭇잎을 펴고 잘라낸 드럼통에서 밥을 나누어 받아먹는다. 아침의 식사 배급은 사람에게만 있는 것이 아니다. 천연덕스럽게도 곁에는 또다른 한 줄의 생명을 위한 식탁이 있다.

까마귀들의 것이다.

멀리서 보면 마주본 두 줄의 인간들의 식탁 곁에 있는 까만 새들의 또다른 한 줄의 식탁은 참으로 인도적이다.

아니 그것은 우주적이다.

그랬다. 그것이 인도였다.

인도인에게 사람이나 뭇짐승들의 생명이 어떻게 다른가를 물어보는 것이 얼마나 어리석은 것인가를 그날 아침의 갠지스는 소리없이 흐르면서 말하고 있었다.

뱅갈만 쪽에서 아침해가 떠 왔다.

하우라는 휘청이면서 그 아름다운 뭇생명들을 받치고 있었다.

하우라 철교 아래에서. 캘커타, 웨스트 벵갈

하우라 철교. 캘커타, 웨스트 벵갈

08
마유코의 한국 1994. 일월. 아우랑가바드, 마하라쉬트라

봄베이에서 한 일본인 여자 여행객을 만났을 때, 나는 그가 한국사람인 줄 알았었다. 그 역시 나를 일본인으로 알아보았던 것인데.

여행중에 만나는 많은 사람들을 때로 기억의 수첩에서 꺼내어 보는 것은 함께 스쳐 갔던 이국의 풍광에 그 사람의 기억이 녹아 있기 때문이다. 우리가 아우랑가바드를 거쳐 엘로라와 아잔타의 동굴을 둘러보고 난 뒤에는 우리 동양인의 일행은 어느덧 넷으로 늘어나 있었다. 일본인 두 사람이 그 아잔타 행에서 합류했던 것이다.

봄베이에서 아잔타로 가는 길은 데칸 고원의 서쪽 허리를 질러가는 것인데, 마치 영화에서 보는 미국 서부를 연상케 하는 풍광이다. 머리가 납작한 긴 사구(沙丘)의 허리 부분으로 키 작은 나무들이 끝없이 도열해 있고, 드문드문 작은 호수들이 있고, 그 중간중간에 깊은 계곡도 있다. 참으로 단조로운 그런 풍광에 느낌표처럼 존재하는 것이 새빨간 터번이나 농촌 여인들이 입고 있는 사리의 타는 듯한 붉은빛이다. 해는 사정없이 내려 쪼이고, 정류장마다 시들어빠진 코브라의 묘기로 생활비를 벌려는 인도의 가장들이 버스 창문을 열어주지 않는다고 성화다.

마유코는 일본에서 대학을 졸업하고 인도항공에 근무하고 있는 스튜어디스였다. 영어가 정확했다. 대단히 견실한 예의를 가진 그를 보면 일본인의 전형을 보는 것 같았다. 결코 그들은 타인의 호의에 대해 일방적인 신세를 지는

아우랑가바드, 마하라쉬트라

법이 없다.

비번을 택해 혼자 아잔타를 여행하는 중에 버스 예매소에서 나를 일본인으로 착각했던 것이다. 대체로 일본인에 대한 나의 감정은 무척 복잡하다. 백부가 일본에서 살고 계시고, 백모가 일본인이기 때문에 그런 감정들의 편린은 일찍부터 여러 색깔로 존재해 왔다. 일본도 벌써 여러 번 다녀왔다.

놀라는 것은 이번에도 역시 마찬가지다. 일본인들의, 그것도 젊은 일본인들의 근대사에 대한 지식은 아주 보잘것없다. 특히 그것이 한국과 중국, 일본 등 극동의 그것에 관계되면 그것은 지식이랄 수 없을 정도이다. 그 단단한 예의를 가지고 있는 반짝이는 눈동자의 마유코도 역시 그랬다.

내가 말했다.

"듣기 거북하겠지만 마유코, 여러 세기에 걸쳐서 일본이란 나라 자체가 한국 예술품의 커다란 박물관이 되어 갔다고 말하는 서양 학자가 있어."

내가 다시 말했다.

"유네스코의 발표에 의하면, 한국의 고미술품 약 십만 점이 일본에 가 있다고 해."

마유코는 말이 없다. 놀라는 한편으로 믿기지 않는 표정이다. 나는 내가 아는 대로 한국과 일본의 근세사에 대해 얘기했다. 역시 놀라기도 하고 믿기 어려워하기도 했다.

그 마유코가 말했다.

"미안해, 김. 솔직히 한국에 대해선 한 번도 심각하게 생각해 본 적이 없어."

아잔타와 엘로라를 다 둘러본 후, 앞에 말한 두 명의 일본인들이 더 합류

하여 네 명의 동양인들이 아우랑가바드 시내에서 함께 저녁을 먹었다.

저녁을 먹은 후, 이 세 사람의 일본인들은 저희끼리 무언가 긴 계산을 하고 있다. 일 루피까지 쪼개는 것이었다. 일 루피보다 더 쪼개지자 낭패해 하는 이들의 모습.

나는 메이지 유신이 일어날 무렵, 막부 말기의 에도 사람들의 주거에 대해 쓴 글을 읽은 적이 있다. 당시의 에도, 즉 지금의 동경에는 집과 집 사이에 겨우 한 사람이 몸을 틀어서 지나갈 정도로 좁은 길밖에 없었고, 또 당시의 평민들은 그 좁은 주거와 협소한 길을 조금도 힘겨워하지 않고 잘 참아냈다고 씌어 있었다.

지금도 일본에 가 보면 그 좁은 주거 공간에 기가 막힐 때가 많다. 토끼장이라고 한다. 한 번 물을 받아 그것을 사용한 후, 버리지 않고 재사용하는 방식이 다섯 가지나 되는 그런 목욕통도 있다. 그런 작은 목욕통을 설치해 놓고 한 가족 모두가 그 목욕통을 사용하는 것을 본다. 얼마나 알뜰하면 한 번 쓴 물을 다시 쓰는 방식을 다섯 가지나 고안해 낼까. 혀를 내두를 지경이다.

지진이 나면 제일 먼저 현관문을 열어 놓도록 어린 시절부터 교육받는 일본인들. 그들은 자신들이 살아야 하는 땅에 대해 적극적으로, 또 효과적으로 적응하는 데 가장 뛰어난 민족이란 것을 늘 느끼고 있었다. 동시에 그들은 매사에 조금이라도 빈틈이 있으면 곧 재난과 직결된다는 강박관념에 어릴 때부터 길들여져 있고, 그런 습관에 의해 결코 남으로부터 그저 신세를 져서는 안 된다는 정서의 강박성에까지 이르고 있는 것으로 내게는 보였다.

인도를 돌면서 만난 일본인들은 언제나 말이 없고 착한 얼굴을 하고 다닌다. 그리고 그들은 다른 나라 사람들과 어울리는 법이 거의 없다. 그것은 이스

라엘 사람들과도 비슷하다. 자기들끼리만 다니면서 꼬박꼬박 자기 나라 방식대로 셈을 하고 버릇대로 깍듯하게 예절을 차린다.

내가 그들의 힘든 셈에 끼여들었다. 일 루피 이하의 셈을 내가 치렀다. 그들이 어떻게 생각하든 간에 그건 나의 방식이다. 신세를 지우고 부담을 주고받는 방식이 어쩌면 우리 방식인지 모른다. 어차피 우리는 세상의 신세를 지고 살다 간다. 마유코가 웃었다. 다른 두 일본인 중 하나가 언짢은 표정이다. 그러면 어때. 여긴 인도다. 그리고 인도에선 내가 제일 고참이다. 그러면서 나는 림카 콜라 한 병씩을 더 샀다. 아이들 머리가 더 복잡하게 돌아가는 소리가 들린다.

봄베이로 돌아오는 그 밤 내내 마유코는 버스 안에서 선잠을 잔다. 더운 나라의 여행은 자칫하면 기진해진다. 지친 피로가 얼굴에 달라붙어 있다. 그런 마유코를 보면서 나는 다시 일본을 생각하고 있었다. 이토록 먼 나라에 와서도 우리는 앙금으로 가라앉아 있는 지난날의 기억들을 잊을 수가 없다.

아침에 봄베이의 빅토리아 역 앞에 닿았다. 우리는 거기서 헤어져야 했다. 일본인답지 않게 유창한 영어로 마유코가 내게 말한다.

"김! 한국에 꼭 가 보고 싶다. 나는 너무 한국을 모르고 살아왔다."

그렇게 말하는 그의 빛나는 젊음이 봄베이의 아침 햇살에 싱그러웠다.

보드가야, 비하르

09
인도의 반딧불 1994. 칠월. 파트나, 비하르

다르질링에서 델리로 가려고 처음 생각했을 때, 지도 중간에 파트나가 보였다. 파트나는 갠지스 강가에 세워진 도시다. 거기까지 가면 또 길은 이어지리라 생각했다. 한나절이 걸리는 버스를 타고 긴 몸이 그야말로 꽉 끼는 의자에 수직 자세로 앉아 미동도 못하고 기차 역이 있는 잘패구리라는 이상한 이름의 읍에 도착한 것이 늦은 오후였다.

인도의 기찻길은 그야말로 인도의 동맥이다. 그 동맥 곳곳에 세워진 정거장들은 노천 화장실도 되고 세면장도 되고 식당이 되기도 한다. 며칠간 그 섞인 냄새를 몰라 어정쩡했었다. 하루종일 그 역에서 노는 아이도 있다. 한 놈을 잡아서 파리가 떠나지 않는 헐어 빠진 다리의 상처에 가져간 약을 발라 주고 아예 튜브째 주어 버린다. 우리말로 "잘 발라라" 했다. 역이 그들을 먹이고 역이 그들을 키운다. 나는 온갖 인도인들의 발자국이 남아 있을 그 플랫폼 한 자리에 무명천으로 된 큰 보자기를 풀고 드러눕는다. 사람들은 정확히 칠 분간 나를 들여다본다. 신기해 한다. 예정 시간을 훨씬 넘긴 열차는 움직일 줄을 모른다.

밤을 새워 달리는 삼등칸에 겨우 등을 붙일 자리를 쟁취한다. 이건 쟁취한다는 것이 맞다. 군인들이 대부분, 그리고 젊은 인도 민간인들, 더러는 낮 시간에도 윗칸에 올라가 잠을 청한다. 차창 밖으로는 인도가 지나가고 있다. 새벽 두 시에 파트나에 도착하니 캄캄한 길은 지도와는 사뭇 다르고, 밤에만 살아나는 인도의 개들이 길 위에 쫙 깔려 서서 나를 노린다. 길에 떨어진 돌을 주

캘커타, 웨스트 벵갈

워 든다. 큰 것 한 개와 날카로운 것 한 개. 두 놈 이상이 한꺼번에 덤비면? 나도 이빨이 있긴 하다. 등줄기로 식은땀이 흐른다. 죽었다가 밤에만 살아나는 무슨 요귀 같은 인도의 개들. 두 시간이 넘어 들어간 여관의 벽은 모퉁이마다 작은 도마뱀. '찌끌리'라고 불리는 이것들은 우리 것과는 색부터 다르다. 노란 게 무슨 말랑한 고무제품 같다. 이건 숫제 움직일 생각을 않고 그 박제 같은 두 눈으로 빤히 쳐다보고 있다. 만약 실수로라도 밟으면 노란 육즙으로 뭉개질 것 같다. 피곤이 극에 달해도 소름은 돋아난다는 것을 그때 처음 알았다. 새까만 시트, 손잡이 없는 개수대 하나. 나는 수면제 한 알을 삼키고 옷을 입은 채로 넘어졌다.

아침은 역시 갠지스가 좋다. 시신 여럿을 불태우고 있는 강가로 갔다. 그들은 갠지스를 '강가'라고 말한다. 그냥 강이라는 뜻이다. 갠지스는 고유명사와 보통명사의 구별을 뛰어넘은 곳에 있었다.

한 사람이 타고 없어지는 시간은 두 시간이다. 타고 나면 남는 것은 아무것도 없다. 해부학 시간에 들고 다녔던 그 해골은 죽고 난 오랜 후에 단단해진 것이란 걸 난 잊고 있었다. 머리 쪽에 서서 그 방금까지 살아 있던 물렁한 머리가 타 들어가는 것을 지켜보고 있다. 껍질이 오그라들고 하얀 골막이 드러나고 그것도 노릿하게 타고, 뼈는 처음에는 누렇게 다음에는 새까맣게 탄화하고 있다. 그리고 남은 것은 아무것도 없다. 그야말로 기화(氣化)해 버린다. 곁에서는 또다른 큰 몸집을 대나무 장대로 뒤집고 있다.

살아 있는 사람들은 악대를 불러와 행진곡을 연주한다. 자세히 보면 그 악대의 지휘자가 갖고 있는 악기만이 자신들이 연주하는 음악을 알고 있다. 다른 사람들은 그냥 시늉만 한다. 그래도 관현악을 다 구비하고 있다. 불의 뜨거움으로 몸에서 해방된 영혼은 이 행진곡에 맞추어 여기저기서 하늘로 날아오른다. 아무도 슬퍼하지 않는다. 여자들은 한 사람도 안 보인다. 단지 불타고 있는 여자들이 있을 뿐이다.

이틀째에 나는 또 그곳에 갔다. 멀리 강 저편에 돛을 단 범선이 흘러간다. 유유했다. 강은 황토빛으로 흐르고, 한 백 미터 하류의 강가에서 사람들이 목욕을 한다. 몇 개의 대나무 낚싯대가 강을 겨누고 있는 것도 보인다. 전날 수장(水葬)하는 여인을 강에 집어넣을 때, 흙탕물이 뒤집히며 큰 고기 한 마리가 요동치는 것을 보았었다. 화장도 할 수 없는 가엾은 죽음들에 대한 규정이 인도에 있다. 그것은 오랫적부터의 인도의 불문율이다. 그 중에 하나가 불에 타 죽은 주검이다. 불에 타 죽은 주검은 화장되지 못하고 큰 돌멩이를 달아 갠지스 강에 빠뜨린다. 그런 영혼은 환생에도 참여할 수 없다는 가혹한 믿음을 인도인들은 가지고 있었다.

그리고 지참금이 적은 신부를 곤로불에 태워 죽이는 사건이, 보고된 것만도 매년 천 건씩 인도에서 일어난다. 그렇게 불타 죽은 신부는 수장된다. 나는 그때, 딸의 주검 앞에서 끝없이 오열하는 초로의 인도 아버지를 보았다. 여인의 얼굴은 앳되고 평화로웠다. 꽃으로 장식된 주검을 두고 쪼그린 아버지는 시종 말없이 눈물만 흘린다. 신랑들은 얼굴은 태우지 않는다고 했다. 그 곁에는 불타고 남은 희나리를 열심히 주워담아 모으는 한 가족이 있다. 기름이 배어 있을 저 희나리들은 대체 어디에 쓰이는 걸까. 그리고 땅에 주둥이를 처박고 바쁘게 설치고 다니는 돼지떼들. 낮 시간의 개들은 죽은 듯 불 온기에 배를 대고 잔다.

사람들의 말일 것이다. 억울하게 죽고 또 불에 타지도 못한 영혼들이 어찌 더 낮은 하늘로 가겠는가.

어느 조그만 간이역사에 기차가 닿았을 때, 나는 잠시 졸고 있었던 것이다. 거기서 나는 델리로 가는 남자 삼형제를 만났다. 연년생으로 뵈는 세 녀석들. 제일 어린 녀석에게 내 자리의 삼분의 일을 내주었다. 서로의 엉덩이로 우리는 인사한 셈이다. 때에 절은 헝겊 주머니에 튀긴 쌀을 담아 들고 있었구나. 한 웅큼 꺼내어 씹고 있다. 그것을 내게도 나눈다. 고소했다. 그들은 그렇게 델리까지의 이틀을 갈 것이었다. 그랬었는데, 제법 번듯한 한 역에 이르자 저쪽에서부터 젊은 군인 하나가 비질을 하듯이 서 있는 사람들을 열차 밖으로 쓸어내고 있다. 손으로 발로 차고 때리면서. 남녀노소를 가리지 않는다. 다만 쓰레기와 사람만은 정확히 가릴 수 있다는 투다. 나의 어린 녀석도 쓸려 나갔다. 순식간의 일이었고, 세 녀석을 다 붙잡고 있기에는 역부족이었다.

나도 모르게 고함쳐댔다. "누가 가장 높은 군인이냐?" "누구의 명령으로 이런 비질을 해대는 것이냐?" 내 목소리가 떨리는 것은 그들이 들고 있는 소총 때문이 아니었다. 그 젊은 군인은 밖으로 피해 버리고, 기차는 떠나고, 그 낮은 사람들, 삼형제는 어떻게 델리로 갔을까.

그것은 사람들이 겪는 혼란이었다. 인도는 평등한 나라라고 그들은 말하지만 "트룰리 truly?"라고 다그쳐 물으면, 금방 아니라고 말하는 것이다. 세상은 언제가 되어야 평등해질까. 나는 한 마디 말없이 쓸려 나가면서 채이고 맞고 하던 늙은 수드라의 무표정한 얼굴이 오래 잊혀지지 않았다.

수드라 | 카스트의 가장 낮은 계급

그러나

그 먼 인도의 길과,

바람과, 하늘과, 밤의 반딧불은 누구에게나 평등했다.

가질 수 없는 것은 누구에게도 평등했다.

10
형제 '파트' 1994. 이월. 봄베이

거칠게 부르는 소리가 들렸다. 돌아보지 않았다. 마침내 그 거친 고함소리는 내 등 뒤에서 멈춘다. 누군가 완강한 팔의 힘으로 나를 감싸 쥔다. 소리의 주인을 그제사 돌아보았다. 콧수염을 길렀다. 순식간에 두세 겹의 분노의 원이 내 주위에 둘러쳐졌다. 흰자위가 크게 드러난 까만 눈, 눈, 눈들.

이백 밀리 좁은 어깨에, 삼십오 밀리는 가슴에 늘어뜨리고 있었다. 가방에는 또다른 카메라. 이들이 내 카메라를 낚아챈다.

봄베이 슬럼을 꼭 찍고 싶었다. 서양의 안내책에는 "아시아 최악의 슬럼 중의 하나 one of the worst slums in Asia"라고 나와 있었다. 그 슬럼의 한복판에서 나는 굵은 눈의 인도인들에게 둘러싸여 버린 것이다. 멀리 큰 길가의 코카콜라 간판이 내 눈에 커다랗게 확대되어 왔다.

사람들이 내 몸에 손을 대기 시작한다. 나는 그들의 눈을 피하지 않고 깊숙이 들여다본다. 무언가 그들의 말로 저주와 욕설을 뱉어낸다. 그 깊은 눈들이 마침내 증오로 덧칠해진다면 나는 긴 여행중에 비로소 하나의 큰 불상사를 만나게 될 것이다.

파트였다. 나를 맨 처음 뒤에서 불러 세운 것은. 파트라는 이름을 가진 건장한 인도 사나이였다. 그가 사람들을 선동하고 있었다. 나는 그들에게 끌려 영문모를 작은 방으로 갔다.

시위대. 캘커타, 웨스트 벵갈

반시간 만에 풀려났다. 카메라도 뺏기지 않았다.

후에 서양사람들의 잡지에 봄베이를 '지상의 지옥'이라고 취재한 사진 기사가 난 것을 보았다. 서양 사진가가 찍은 사진이었다.

그날, 그 슬럼의 인도인들이 나를 둘러싸던 것은 '지상의 지옥'에 대한 분노였을 것이다. 누구를 향한 것인지 분명치 않은 그 분노가 그날의 내 카메라와 나를 향해 끓어올랐던 것이리라.

돌아와 사진을 정리해 보니 그 슬럼의 사진은 별로 없다. 1970년대 말, 우리가 주말 진료를 나가던 사당동은 봄베이보다 훨씬 심했다. 그 사당동은 지금 밀려 나갔다. 봄베이의 슬럼은 계속 밀려 들어온다.

그날 내 팔을 감싸 쥐던 파트의 완력은 지금도 생생하게 두렵다. 그런 파트가 나를 그의 집으로 초대했다. 파트의 아내와 세 딸은 예뻤다. 인도인들은 형제를 빨리 만들어내는 데 있어서는 기록적인 민족이다. 그 험상궂던 파트가 말했다. "김! 넌 이제 내 형제다. 앞으로 봄베이에 다시 오면 넌 언제나 내 집을 쓸 수가 있다. 넌 언제나 환영받을 것이다."

내가 잠시나마 두려움으로 떨었던 그 봄베이의 슬럼에서 어떻게 새 형제를 갖게 되었는지는 지금도 잘 알 수가 없다. 다만 내가 기자가 아니었다는 것, 그들의 눈을 피하지 않고 바로 바라보았다는 것, 그 순간에 사당동의 학생 시절을 떠올렸던 것, 결코 인도를 미워할 수 없었던 그 시절의 나의 충만한 마음밭, 대체로 이런 것들 때문이었으리라고 지금 생각해 본다.

봄베이의 아침, 봄베이

11
살아온 나날 _{1994. 이월. 우다이푸르, 라자스탄}

사막의 하루는 유난히 길었다. 가없이 아스라해지는 서쪽의 낮은 구릉으로 흙바람이 이리저리 몰려다녔다. 라자스탄의 어느 사막 마을에서, 어느 날 잠시 한낮의 게으른 잠에서 깨어났을 때, 서쪽으로 난 창으로 하오의 햇살이 한 뼘쯤 들어와 있었다.

"너는 몇 살이니?"
마구간을 청소하던 '불리단'이 내게 물었다.

너는 몇 살이니?
인도를 다니면서 듣는 물음은 셋이다.
"너는 몇 살이니?"
"너는 어느 나라에서 왔니?"
"너는 무엇 하고 사니?"

바람은 남은 습기를 훑어 와 오아시스에 넘겨준다. 사막은 늘 사막일 것이고, 오아시스는 가슴에 샘 하나 안고 영원히 푸른 물빛을 꿈꿀 것이다. 인도에서는 시간이 백 년 단위로 흐른다. 그때 나는 열 사람이 넘는 구라파인들 사이에서 약간 외롭던 동양인이었다.

어떤가 하면, 말이 사람들에게 옷을 입히는 것이다.
"너는 동양에서 왔니?"
"어느 나라?"
"그으래…"

캘커타, 웨스트 벵갈

그리곤 다시 옷매무새를 다듬고 살그머니 돌아앉는 것이었다. 그리곤 아무일도 없었다. 그래도 좋았다.

물 위에 떠오른 우다이푸르의 옛 왕궁을 돌면서, 나는 오백 년 전에 이 궁을 지었을 라자스탄의 한 실력자의 스케일을 생각했었다. 그리고 전쟁으로 지쳤을 그의 삶에 꼭 있었어야 했을 유리로 된 그의 방을 들여다보았었다. 아마도 수만 조각의 색유리로 나뉘어질 그의 방에 앉아서, 그는 사막 동쪽의 그의 적을 꿈에서 만나곤 했을 것이다.

그리곤 새벽의 호수를 바라보며 이렇게 물었을지도 몰랐다.

"너는 몇 살이니?"

인도 북쪽의 오백 킬로도 넘는 먼 시골 동네에서 왔다는 불리단의 얼굴은 그의 나이 스물보다 훨씬 늙어 보였다. 그는 '청소 카스트' 중에서도 마구간 청소 계급이다.

"미안한데, 너 한 달에 얼마를 받니?"

"칠백 루피.*"

오후의 햇볕이 서너 뼘 더 길어나 있었다. 손바닥으로 침대 시트를 가만히 두드려 보았다. 사막의 햇빛 속으로 모래먼지가 풀썩 일었다. 그러면서 나는 나직히 물었다.

"너는 몇 살이니?"

빨간 사리의 여인 하나가 항아리를 이고 멀어져 가고 있었다.

서쪽으로 난 창에 커튼을 내렸다. 그러면서 나는 물었다.

"너는 지금 몇 살이니?"

루피 | 1루피는 24원이다.(2005년 2월 기준)

우다이푸르, 라자스탄

12
비를 내리소서 1994. 이월. 우다이푸르. 라자스탄

    우다이푸르에는 호수가 있다. 우다이푸르는 라자스탄에 있다. 라자스탄은 남북한을 합친 것보다 더 넓다. 남북한 합한 것만큼 아름답다.
    우다이푸르에는 왕궁이 있다. 물론 왕도 있다. 그리고 신민(臣民)도 있다. 우다이푸르에는 큰 시장이 둘 있는데, 거기에는 없는 것이 없다. 좋은 이발관도 있다. 나는 십이 루피를 주고 좋은 이발을 했다. 우리 돈 삼백 원인데, 참으로 오졌다. 그 이발관을 돌아 한참을 가면 꼭두각시 박물관도 있다. 거기 관장에게 나는 오십 루피를 뜯겼다. 관장이 조금 여위었더라면 아깝지 않았을텐데…. 그리고, 코끼리도 있다. 코끼리 옆에서 강제로 사진을 찍히고 오 루피 뜯어 갔다. 서양 아이들은 십 루피씩 뜯겼다. 한 서양 아이는 울면서 싸우다가 결국 뜯겼다. 낮에는 시장에서 과일 즙을 마셨다. 한 컵 만드는 데 과일이 일곱 개나 들어간다. 이것도 오지다.
    나는 오후에 호숫가에 간다. 호수는 참 조용하다. 하늘 아래 제일 조용하다. 나는 행복했다. 인도 여자들도 행복했다. 인도 아이들도 행복했다. 우다이푸르에는 산도 있다. 산에는 성이 있다. 성에 갔다. 가시나무가 많은 산길을 한 시간 올라갔다. 서쪽 사막으로 해가 졌다. 어린 왕자가 보고 있던 해다. 붉었다. 눈물이 나왔지만 참았다. 세상은 건조했다. 저 아래 유원지에서 인도 유행가가 끝없이 흘러나왔다. 우다이푸르에는 아주 값비싼 호텔이 둘씩이나 있다. 호수 가운데 있는 섬에 있다. 밖에서 보는 것도 좋았다. 서양 친구들은 호텔 풀장에서 수영을 했다. 나는 그냥 웃으면서 바라본다.

바라나시, 우타르 프라데시

우다이푸르의 밤에는 결혼식도 있다. 코끼리를 타고 장가 간다. 사람들은 발전기를 단 자전거를 끌고 다닌다. 긴 막대 형광등을 높이 쳐들고 간다. 한 오십명쯤이 그렇게 간다. 볼 만하다. 정말 폭죽도 쏘아 올린다. 그 비싼 폭죽을 안 아깝게 쏘아 올린다. 평생을 결혼식을 위해 산다. 대물림이다. 돈이야 내일부터 다시 벌면 된다. 태어나고 죽는 거야 혼자서도 되지. 결혼은 안 그렇다. 뻑적지근해야 한다. 하루만은 왕자가 된다. 이승에서의 사치다.

밤의 호수에는 종소리가 난다. 이편저편에 힌두사원이 있다. 늙고 살찐 여자 사두에게 오 루피를 뜯겼다. 뭐, 좋다. 하루종일 뜯겨도 까짓 얼마나 되니.

그리고 우다이푸르에는 샨티가 있다. 샨티의 뜻이 '성스러운 평화'라는 것은 아주 나중에 알았다. 샨티는 서른다섯 살의 모터 수리공이다. 샨티는 세상에서 제일 행복한 사나이다. 제가 그렇게 말했다. 샨티에겐 예쁜 아내가 있다. 한 딸과 한 아들이 있다. 손바닥만하지만 제 가게도 있다. 가게에는 맡아놓은 헌 모터가 많다. 그리고 직공도 한 사람 있다. 먹을 만큼 번다. 샨티는 요가를 십오 년째 했다. 몸이 밀가루 반죽같이 잘 휘어진다. 그런 샨티는 우다이푸르 대학을 이등으로 졸업했다. 일등이 아니라 이등이다. 곁에 여자 아이가 있다.

내가 물었다. "네 딸이니?"

샨티는 하늘을 가리켰다. "아니, 신의 것이지."

샨티는 인도에서 제일 좋은 얼굴을 갖고 있다. 그건 세상에서 제일 좋다는 말이다. 샨티가 내게 차를 대접했다. 그날 뜯긴 것 다 벌충했다. 그런 샨티가 말했다. "신이여, 비를 내리려거든 내리소서.*"

신이여, 비를 내리려거든 내리소서
| '숫타니 파아타'에서

샨티와 그의 딸. 우다이푸르, 라자스탄

13
살아 있는 간디 1993. 칠월. 델리

인도는 큰 간디기념관이라고 해도 된다. 어떤 시골구석을 가더라도 간디의 흉상은 있다. 솜씨의 차이는 있지만 그것들은 다들 정성으로 빚어져 있고 마을의 한복판에 들려져 있다. 그리고 밖으로 드러난 것뿐만 아니라 인도인의 마음속에도 조그만 간디 상들이 하나씩 자리하고 있다. 무지랭이 노인들에게도 마찬가지요, 소학교 학생에게도 마찬가지다.

다만 한 곳에서만은 간디를 못 본 것 같다. 그곳은 카슈미르다. 지금 그곳은 내전이 한창이다. 회교도들이 독립하겠다는 곳이니까, 힌두교도인 간디를 싫어한다. 그들에게만은 '간디가 누구니?' 하는 질문을 할 수가 없었다.

간디는 인도의 어디에서나 그 동그란 얼굴과 야윈 다리를 드러내고 있다. 재상의 집안에서 태어나 영국에서 교육받았던 선택된 사람이었으나, 그는 평상의 인도인과 꼭 같다. 자세히 사진을 뜯어보면 좋은 요기의 얼굴을 하고 있다. 요기는 인도의 높은 수도자다. 그런 간디는 인도의 곳곳에 있다. 아무나 그를 그려 놓고 있고, 몇 가지 특징만 그림에 들어가면 그것은 그냥 버젓이 간디 행세를 하는 그림이 된다.

마드라스의 박물관에서 본 오래된 인도 현악기는 시타르와 비슷한 공명통이 달린 것이었는데, 그 공명통의 얼굴에 간디가 음각되어 있었다. 그리고 같은 진열장의 한구석에는 남인도에서 발견된 고대인의 머리뼈가 놓여 있었다. 간디는 아이들의 공책 표지에도 있고, 인도의 돈에도 있고, 버스 꽁무니의 낙서에도 있고, 군인들의 총 개머리판에도 새겨져 있다. 대머리의, 반쯤 벗은 간

캘커타, 웨스트 벵골

디의 상은 인도의 어디를 가나 만나는 힌두의 신상처럼 흔하다. 인도 신상의 덕목 중에 정교하지 않아도 된다는 것이 있는 것처럼 간디도 마찬가지다. 그저 그려 놓고 혹은 세워 놓고 간디라고 알아차릴 수만 있다면, 그리고 그렇게 이름 붙여 버리면 그건 간디다.

인도를 다니면서 만나는 여러 사람들에게 나는 '간디가 누구냐?'고 물었다. 크게 대답은 네 가지다.

"바부 지" "간디 지" "마하트마" "파더 오브 네이션"

아버지 간디, 국부(國父) 간디, 큰 영혼, 대개 이런 뜻이다.

수십 명의 서로 다른 처지에 있는 사람들의 입에서 같은 대답이 나왔다. 자연스런 경외심이었다. 그러면서 세계 어느 나라 사람에게도 간디만은 떳떳이 내보일 수 있다는 인도인의 긍지와 자랑을 느낄 수가 있었다.

간디가 마지막 살다 간 어느 부자 후원자의 집은 델리의 신시가지에 있다. 제법 큰 저택인데 간디의 좋은 사진들이 많이 보관되어 있다. 저명한 사진가 마가렛 버크 화이트의 사진도 여기에 있다. 흑백의 간디는 나이가 들수록 더욱 구족해지는 선사의 얼굴을 하고 있다. 그 한구석에 그가 생전에 지내던 방을 그대로 보존해 놓고, 총에 맞은 마지막 날의 족적을 시멘트에 파서 한 걸음씩 기념해 두고 있다. 그리고 올드 델리의 야무나 강이 보이는 야외 정원에는 그가 화장된 장소인 라지 가트가 있다. 1948년에 간디는 여기서 화장되어 재는 갠지스에 뿌려졌다. 후에 네루와 인디라 간디도 여기서 화장된다. 나는 두 번 갔는데, 그 화장된 장소를 중심으로 조성된 공원의 분위기가 썩 마음에 들었다. 까만 돌들로 된 제단에는 그의 마지막 말인 '히-람'이라는 힌두어가 씌어 있다. '오! 신이여'라는 뜻이다.

칸치푸람, 타밀 나두

그런데 나는 참으로 놀랍게도 간디를 반대하고 그를 미워하는 사람도 인도에서 만났다. 여러 명이었다. 안티 간디의 인식은 지식층을 통해 광범히 확산되어 있다는 것을 느낄 수 있었다.

라자스탄에서 만난 한 인도 인텔리는 "댓 가이"라는 말을 썼고, 봄베이의 어느 사업가는 "댓 펠로우"라는 말을 했다. 두 가지의 이유에서였다. 하나는 간디가 당시에 네루 편을 들어서 인도를 파키스탄과 분할하는 데 있어 일정한 만큼의 부정적 역할을 했다는 것, 그리고 또 하나는 그의 비폭력주의의 비현실성에 대한 비판이었다.

인도가 영국에서 독립하기까지 간디의 위상은 거의 절대적인 것이었지만 여러 다른 파벌들도 있었다. 그 중에 가장 큰 세력이 '진나'의 이슬람 세력이었다. 지금은 거의 기억도 않고 있는 이 '진나'라는 인물은 1920년대부터 인도의 독립을 위해 정력적으로 헌신한 변호사 출신의 독립운동가였다. 간디와 오로지 비교될 수 있는 그는 '순수의 나라'라는 뜻의 시적인 나라 이름 하나를 짓고 결국 간디와 결별한다. 그것이 오늘날의 파키스탄이다. 그때, 네루는 아직 어린 청년에 불과했다. 지금의 많은 청년 지식인들은, 당시 분리해서라도 인도라는 나라를 세우고 싶어하던 네루를 편애했던 간디가 네루의 손을 들어주었기 때문에 인도가 파키스탄과 두 조각이 난 것이라고 믿고 있다. 어쨌든 간디는 그런 분리와 통일의 와중에 죽었고, 네루는 인도의 초대 수상이 된다. 네루의 아버지도 유명한 변호사요 국민회의 당원이었다. 인도와 파키스탄의 독립운동기에는 이런 좋은 변호사들이 많았다. 네루는? 그에 대해선 인도 국민들과 마찬가지의 태도를 취하고 싶다. 그는 현실의 정치가였다. 그의 딸이 그랬고, 그의 외손자가 그랬던 것처럼 그는 현실의 정치를 넘어서지 못하고 거기에 매몰됐다고 하는 편이 맞다.

그렇더라도 내겐 간디에게 불려지는 "댓 펠로우"라는 말은 충격이었다. 우리말로는 '그 녀석' 정도로 바뀔 그 말을 한 젊은이는 플로리다 대학에서 컴퓨터 공학을 유학한 인텔리였다. 그가 이렇게 다시 말했다.

"비폭력 때문에 오늘날, 인도가 이렇게 가난한 것이다. 돌아보라. 오늘 세계 어디에서 비폭력이 현실로 받아들여지고 있는가. 몽상으로 국민을 이끌어 온 그 비현실성으로 인하여 오늘 인도는 이렇게 가난하다."

전날, 나는 그 간디의 마지막 집을 찾아갔다가 정면에 붙어 있는 간디의 대형 사진을 보는데 갑자기 눈물이 터져 나왔다. 창피하기 짝이 없게도 막을 수 없이 줄줄 흘러내렸다. 더위 때문에 들고 다니던 큰 수건이 아니었더라면 얼굴을 들 수도 없을 뻔했다. 아마 여행으로 지친 심신이 그 할아버지같이 인자한 얼굴 앞에서 오열하고 만 것이리라.

파키스탄으로 분리한 진나는 일 년도 안 되어 일흔둘로 사망한다. 간디도 그렇게 암살당한다. 이후 파키스탄은 계속되는 군사 쿠데타와 경제 실패로 인도보다 뒤떨어져 있다. 세계 최빈국의 위치에 있다. 인도 역시 최빈국이지만 그 위신만은 파키스탄보다 낫다. 이런 모습은 꼭 우리의 지난 모습을 보는 것 같아 남의 일 같지 않다. 간디는 현실의 정치인이라기보다 더 큰 위대한 욕심이 있었을지도 모르겠다. 그것은 오히려 종교적인 것이었던 것 같다. 그의 평생을 통해 그를 힘 있게 해준 것은 진리에 대한 낙관, 확신 그리고 그런 것으로 인한 낙천적 성격이었다. 서구 정치의 눈으로 보면 황당할 수밖에 없는 그런 내면의 가치를 정치의 전면에 내세웠던 그를 오늘의 인도 청년들이 가볍게 이상주의자라고 치부해 버리는 것은 어쩌면 당연한 일인지도 모를 일이다.

14
어린 소의 죽음 1994. 일월. 올드 고아

올드 고아에는 프란시스 사비에르의 시신이 있다. 그는 가톨릭의 성인이다. 봄 지저스 교회. '착한 아기'란 뜻의 이 봄 지저스 교회의 높이 들려 올려진 시신대 위에 말라 쪼그라진, 사백 년이 넘은 그의 시신이 누워 있다. 유리로 된 상자 안에 안치된 그의 시신은 십 년에 한 번씩 일반에 공개된다.

무더운 한낮, 그 옛날 번성했던 포르투갈의 흔적이 남아 있는 올드 고아를 찾았을 때, 넓은 성당의 광장 위로 북위 십오 도의 햇빛은 떨어지고 까마귀들이 낮게 날고 깔띠꽃은 붉게 피어 있었다.

맞은편 고고학박물관에서 사진을 찍다 인도 여자 관리와 심하게 다투었다. 고아를 통치한 포르투갈 총독들의 초상이 걸린 방에서였다.

봄 지저스 교회 앞의 광장은 그림같이 조용했다. 열대식물들의 초록과, 머리 위로 바로 꽂히는 햇살과, 미동도 없이 꼼짝 않는 공기 속에, 지나간 사백 년의 세월이 가만히 엎드리고 있었다. 한때, 리스본보다 더 번창했다던 올드 고아가 두세 동의 성당 건물로 남아 있다.

예수회를 창시했던 로욜라의 제자였던 사비에르는, 1542년 처음 이곳으로 와서, 1552년 중국 해안의 이름 없는 섬에서 마흔여섯을 일기로 죽었다. 일본까지 가서 전교를 한 그는 여의치 못했던 일본에서의 상황에 실망을 안고 고아로 다시 돌아오다 도중에 병사하고 만 것이었다. 죽은 후, 이 년 동안이나 썩

지 않았던 그의 시신은 이곳 봄 지저스 교회로 옮겨져 안치되었다. 그러나 그의 몸은 그후로 여러 차례 여러 곳으로 나뉘어져서 온전하지 않다. 목이 꺾이고 발가락과 손들, 그리고 내장이 각각 나뉘어져 여러 나라로 갔다.

그날, 밀폐된 유리상자에 누운 사비에르의 머리 위에 빨간 알전구가 켜져 있었다. 끝없이 켜져 있을 전구의 온도는 얼마나 시신을 괴롭힐까. 무덥고 답답했다.

인도에는 사람이 죽으면 거의 모두가 화장된다. 아주 높은 경지에 이르렀던 요기나 리쉬가 죽으면 매장된다는 글을 읽은 적은 있지만 인도를 돌면서 묘지를 본 것은 딱 한 군데였다. 서쪽 라자스탄의 이슬람 묘지였다. 우주 속에서의 환생을 믿는 힌두가 공기와 바람과 물로 환원하는 가장 빠른 방법으로 택한 것이 화장일 것이다.

화장의 역사는 길다. 이미 석기시대부터 동유럽과 근동을 중심으로 광범위한 화장의 흔적이 발견된다. 그 중에서도 인도의 화장 관습은 가히 독보적이다. 아직도 정통 유대교에서는 화장을 금하고 있고, 극히 최근에야 가톨릭에서 화장을 인정하고 있다. 화장을 하고 남는 뼈의 무게가 일이 킬로그램쯤 된다지만 인도에서 화장을 하고 나면 남는 것은 거의 없었다. 그야말로 공기와 재로 환원되는 것을 나는 인도에서 보았다.

신앙의 믿음에 따라 시신을 오랫동안 보관하는 데 대해서는 나는 의견이 없다. 그러나 세상에는 그런 신앙과는 또다른 이유로 시신을 썩지 않게 만드는 곳도 있다. 그것은 고대에도 있었고, 우리가 살고 있는 이십 세기에도 있다. 소설가 밀란 쿤델라의 말을 빌면, 그런 곳에서는 주검을 쓰레기나 상징 나부랭이로 취급한다. 다만 그 사실을 알아차리는 데에 많은 세월이 필요할 뿐

하우라 역 부근. 캘커타, 웨스트 벵갈

이다.

동행하던 서양 여행자가 눈을 찌푸린다. "다만 죽은 몸일 뿐인 걸." 가톨릭 나라에서 온 가톨릭 신자인 그가 한 말이다.

교회 밖으로 나오니 한 줄기 시원한 바람이 스쳐 간다. 한 무리의 고아 처녀들이 뜰 한쪽에 모여 있다. 결혼식 피로연이었다. 나는 신랑 신부들을 우리말로 축하해 주었다. 그들이 내게 음식을 권한다. 모두들 즐거워했다.

교회 앞뜰은 다시 타는 듯 햇빛이 내리꽂힌다.
나는 걸음을 재촉한다.
무언가 내 망막에 누워 있는 물체가 들어온다.
온몸으로 간신히 헐떡이고 있다.
천천히 곁으로 간다.
죽어 가는 어린 소였다.

입과 항문 주위가 까맣게 타 들어간, 이미 죽음 쪽으로 많이 넘어가 버린 어린 소였다. 한낮의 봄 지저스 교회 앞뜰엔 붉은 깔띠꽃이 만발해 있다. 나는 처음으로 보는 어린 소의 죽음을 길게 바라보고 있었다.

낮은 하늘에 까마귀들이 날고 있었다.

아기를 낳고 집으로. 파할감, 카슈미르

파트나, 비하르

15
그 언덕으로 환생하여라 1994. 칠월. 스리나가르, 카슈미르

파할감 밸리 |
스리나가르에서 파할감에 이르는 계곡.
회교 게릴라의 주요 거점이다.

파할감 밸리*에서의 충격전은 전율할 만했다. 비정규전에서의 민간인의 무력감을 한껏 맛보았던 그 카슈미르 산그늘에서의 두 시간, 이슬람 민간인들이 부르짖던 알라신은 가슴 밑바닥에서부터 떨려 나왔었다. 알라신의 도움이었던지 총알은 우리 쪽을 피해 갔다.

급기야 우리가 동쪽으로 삼백 킬로를 옮겨 힌두쿠시와 카라코람 산맥의 중간에 있는 작은 도시에 도착했을 때, 서양 여행자 하나가 죽었다는 소문이 퍼졌다. 방향을 거슬러 그곳으로 향하려던 사람들은 모두 계획을 취소하고 있었다.

아름다운 스리나가르.

앙리 카르티에-브레송
| 프랑스의 사진가

천육백 년대의 인도 왕 자한기르는 죽을 때, '오 카슈미르'라는 한 마디를 남겼다고 했다. 그 카슈미르의 주도가 스리나가르다. 1948년에 앙리 카르티에-브레송*이 삼십오 밀리 카메라로 찍었던 스리나가르 여인들의 사진은 마치 어느 다른 혹성의 언덕을 연상케 하곤 했다. 그 스리나가르에서 오 년째, 정부군과 회교 게릴라 사이의 시가전에서 수류탄이 터지고 있는 것이다.

그런 중에도 스리나가르는 아름다웠다. 해발 이천 미터의 고원에 떠 있는 커다랗고 고요한 호수엔 마침 연꽃이 만개해 있었다. 밤에 하우스 보트의 지붕 위로 기어올라가 찌그럭거리는 판자 지붕에 누워 천궁을 보면서 이렇게 뇌곤 했다.

"나 우주의 한끝에서 이렇게 살아 있노라."

라다크

119

아루, 카슈미르

그랬는데, 트레킹 가는 길의 그 파할감 계곡에서 정부군과 게릴라의 전투를 만났던 것이다. 그 전투에서 민간인 아홉을 포함한 열 명이 목숨을 잃었다. 아이들도 세 명이나. 빈 버스에 숨어 있다가 총을 맞았다니까 아마도 우리 바로 곁에 있던 LMG 기관총에서 날아간 총탄이었을 것이다.

이슬람 어머니들의 울음을 본 일이 있는가? 나는 그녀들의 울음에서 어린 시절 보았던 우리 어머니들의 울음과 너무도 유사한 울음의 정조를 보았었다. 기관총의 총탄이라면 아이들의 신체는 대개 분리되었거나 망가졌을 것이다. 어머니들은 하늘을 보고 또 땅을 보고 울음을 운다.

크샤트리아 | 카스트의 제2계급. 무사 계급.

이튿날 찾아가 만난 주둔군 사령관은 인도 대령이었다. 크샤트리아*의 당당한 풍모. 오히려 다정스럽기까지 한 좋은 얼굴의 오십줄의 전투복을 입은 신사. 소령 계급장을 단 부관은 빳빳한 자세로 기립 보좌하고 있었다.

"어째서 인도군은 자국의 민간인을 사살하는가?"

"인도군이 한 것이 아니다."

"내 눈으로 그 총격전을 보았는데도?"

"그건 게릴라의 위장 전술이다."

더 말할 이유가 내겐 없었다. 그 크샤트리아 대령은 방임된 민족 분규는 인도의 해체를 가져온다고 점잖게 말하고 있었다.

민족과 인도와 피를 쏟고 죽어간 세명의 어린 인도인. 벽에 아무렇게나 휘갈겨진 '승리의 그날까지'와 불을 뿜던 미제 LMG 기관총. 다음날 보았던 카슈미르 계곡을 따라 이동하던 어린 게릴라들의 초롱한 눈망울. 그리고 그 눈망울 뒤의 납빛 증오.

레, 라다크

그날, 델리 공항에서 캘커타로 가는 국내선 대합실에서, 나는 그 대령에게 했던 것과 똑같은 질문들을 기다리는 승객들을 향해 하고 있었다. 서툰 영어로 반복해서 물어 보았다. 물음이 같았는데 대답도 같았다.

죽은 자도 산 자도 아무런 말을 할 수 없는 피맺힌 죽음들이 우리 시대엔 어찌 이리 많을까.

델리 공항을 날아오르면서, 나는 속으로 이렇게 빌었다.

"억울하게 죽어간 인도의 아이들아. 딱 한 번만 더, 카슈미르 그 언덕으로 환생하여라. 그리고 다시는 윤회를 입지 말아라."

리델와트, 카슈미르

16
칠월 이일의 일기 1994. 칠월. 다르질링, 웨스트 벵갈

하늘 아래 모든 것들은 젖어 있다. 땅도 그 위의 사람들도, 그리고 사람들이 세워 놓은 모든 남루도 모조리 젖어 있다. 이러한 때에 뼛속 깊이 하늘의 수분을 받아들여, 마치 따뜻한 봄의 빗줄기에 녹아 내리는 응달의 눈더미 같은 그런 무화(無化)되어 버리는 존재가 되고 싶다.

까맣고 더러운 자동차들의 틈새를 찾아 땟국물에 절어 흐르는 포도(鋪道)의 진창 가운데를 우산을 받치고 흔쾌한 듯 걸어가는 사람들을 보고 있는 사이, 현재의 나의 모습, 도무지 올 것 같지 않던, 미래의 시제에서 비로소 해방된, 내 모습을 보게 된다. 아이처럼 즐거웁다. 서서히 안개가 벗겨지고, 사람들은 그들의 더운 호흡으로 하여 안개와 비를 밀어내기라도 한 것처럼, 이 산 속의 도시에 활기를 가져오고 있다. 몬순이란 것은 긴 장마라고 할 만한데, 한 삼 개월간의 긴 장마는 여기 사는 인간들에게 사물을 휘덮는 베일의 의미를 가르쳐 왔을 것이다. 무언가 휘감고 숨기고 있으면서도, 반드시 시절이 되면 사라져 가야 할…. 그러나 그 수개월간의 밀회와도 같은 안개의 베일은 이곳의 사람들에게, 숨어서 자신들만의 내밀한 약속을 발효시키는 기간으로는 충분한 두께였을 것이다.

흰 머리에 장바구니를 든 노파가 노란 글라디올러스 한 묶음을 사 든다. 몬순과 안개와 다르질링과 글라디올러스와, 그 꽃이 시들기까지의 수일간 노파의 가슴속에 번질 훈훈한 체온. 그리고 떠나갈 날에, 이 세상에서는 꽃이 있었노라고, 비오고, 바람 불고, 목이 휘도록 노동하는 세상에서, 하지만 그곳에는

다르질링, 웨스트벵갈

꽃이 있었노라고, 그래서 행복했었노라고….

프랑스계 미국 할머니인 작가 유르세나르는 이렇게 말했다. "현대란 것은 무엇을 말하나요? 십 년 전인가요. 일 년 전을 말하나요." 여기에서의 현대는 모던인가 컨탬퍼러리인가? 어쨌든 이곳에선 현대란 의미가 없다. 그저 흐르는 세월만이 있을 뿐이다. 비는 더욱 굵게 내린다. 툭 트인 공간이므로 비가 와도 어둡지 않은 것이 다르질링의 특색이다. 토요일 오전인데 무척 붐빈다.

빗방울이 굵었다. 나는 버스 종점에서 간단히 식사를 마친다. 토요일 오후가 되었다. 모든 것이 가랑비와 안개 속에서 부드러웠다. 캘커타에선 몇몇 인도인들의 고함과 싸움을 들었었다. 무더위 때문이리라. 무엇인가 아무것도 생각하지 못할 정도의 격심한 더위. 더위뿐이라면 차라리 나을 텐데, 거기다 습도도 대단히 높아 우리 식으로 말하면 불쾌지수가 거의 만점에 가깝다. 격렬히 싸우던 하우라 역에서의 차장과 두 부부. 여자가 더욱 무서웠다. 마치 굶주리고 여윈 짐승의 발악과도 같은, 격한 표정과 높은 톤의 고함. 그러나 차장의 고함이 그 두 부부의 이마에 맺힌 분노한 땀방울들을 압도해 버리는 것이었다. 무언가 거기에도 신분의 힘이 작용하고 있었던 듯. 그러나 여기서는 그런 고성이 오가는 싸움이 없다. 단지 얼핏얼핏 보이는 몽고계 얼굴의 강한 눈빛들이 깊게 가라앉아 있던 인도 아리아계 사람들의 눈들과는 사뭇 달랐다.

방으로 돌아와 향을 피운다. 샌들우드 향. 남쪽 마이소르에서 보았던 그 향이다. 이국의 여관방에서 향을 올리고 포레를 듣는다. 창밖으로 보이는 것은 미궁 같은 안개, 안개뿐, 마주 보이는 쪽 구릉의 경사면에 씻은 듯한 마을이 젖어 있다. 춥다. 캘커타의 더위와 이곳의 오싹한 한기를 느끼게 하는 추위. 코가 막히고 콧물이 흐르는 것이 감기가 오는 모양이다.

푸쉬카르, 라자스탄

17 술과 환상과 인도 1994. 이월. 방갈로르, 카르나타카

인도에는 술이 거의 없다. 물론 우리처럼 어느 가게에서라도 술을 파는 나라가 흔한 것은 아니지만, 일반적으로 말해서 대부분의 사람들이 술을 즐기지 않는 나라가 인도이다. 술 파는 가게도 일정하게 숫자가 제한되고, 또 시간도 엄격히 지켜진다. 바라나시 같은 인구 칠십만이 사는 도시의 중심가에 리커숍은 한 군데였다.

열대 혹은 아열대의 기후 때문이리라.

술은 차가운 것을 데우는 불의 성질을 가진 액체다. 그것이 도가 넘치면 아예 모든 것을 태워 재를 만들기도 하지만, 이 더운 지방에 사는 사람들은 머리 위에 있는 커다란 열구 하나만으로도 자신들의 영혼과 몸을 데우기에 충분하다고 여기는 모양이다. 그러나 위도를 겨우 십 도 안팎의 차이로 두고 있는 네팔에는 그 국경선만 넘으면 조그만 구멍가게에서도 쉽사리 값싼 위스키를 살 수 있다. 기후 외에도 또 다른 민족적인 요소가 작용하고 있는 것이 분명하다.

여러 번 물었다. "너희 나라, 참 술 안 먹는구나. 왜니?" 그들은 이렇게 대답한다. "이 더운 나라에서 술 먹으면 가슴이 타서 이 나라가 미쳐 버릴 것이다."

대신에 '짜이'라는 대중적 차가 이들의 주식과 다름없이 되어 있고, 이 우유를 많이 섞고 설탕을 듬뿍 친 홍차의 그 각별한 맛은 거의 마약과 같은 수준이어서, 인도를 다녀온 후에는 그때마다 여기서 흉내를 내 보지만 본토에서

잘패구리, 웨스트 벵갈

의 그 맛은 느낄 수가 없다. 그리고 '빌리'라는 엽궐련 – 이건 그야말로 나뭇잎에 질 낮은 담배를 말아 실로 묶어서 피우는 것인데, 한 개피에 십 페사, 2원 50전이다 – 을 많이 피우고, '빤'이라는 씹고 뱉어내는 달지도 쓰지도 않은 괴상한 기호품을 많이 씹고 있다. 갖가지 향신료와 붉은 색깔의 식물성 향료, 그리고 백반을 나뭇잎 등에 말아서 꾸물꾸물 씹다가 물을 다 빨아먹고 카악 뱉는다.

뱉어 놓은 시뻘건 침이 인도 전역의 거리 모서리 모서리마다 보란 듯이 말라붙어 있다. 이 빤 장수들은 저마다의 처방이 약간씩 달라 조그만 재료 그릇들을 십수 종 작은 좌판에 담아 들고 쪼그리고 앉아 고객들을 기다린다. 거의 인도 전역에서 공통된 풍경이다.

그런 인도에서 나는 참으로 예외적인 술집을 본 일이 있는데, 그건 남인도의 방갈로르라는 곳에서였다.

간디 거리라 이름 붙은 길은 인도의 어느 도시에도 있다. 그 간디 마르끄를 따라 그 도시의 번화가를 걷고 있었는데, 무슨 맥주홀 같은 곳이 있길래 문을 열어 보았더니, 웬걸 이건 그야말로 가라오케 집이 아닌가. 소규모 밴드가 반주를 하고 있고, 여자들이 듬성듬성 앉아 있다. 사리를 입은 채로. 조명도 어둡게 되어 있는 것이 무슨 방콕의 술집 같은 분위기였다. 문 앞에서 가격표를 시켜 일별하니 역시 비쌌다. 제대로 술 먹으려면 일주일의 여행 경비가 날아갈 판이었다. 엇 뜨거라 하며 쫓겨 나왔다.

방갈로르는 남인도의 카르나타카 주의 주도로 소위 몇개년인가 하는 그 귀에 익은 경제성장 계획을 힘차게 추진하고 있다. 그들의 슬로건에 "오 년

마드라스, 타밀 나두

안에 봄베이를 따라잡자" 뭐 이런 것도 있었다. 그 규모와 흐름의 빠르기로 보아 인도에서 가장 경제성장이 빠른 곳으로 여겨진 그 도시에서 만난 향락이 있는 술집.

돈과 향락과 술은 함께 가는 걸까. 인도인들에게도 그럴까. 인도도 돈이 많아지면 술과 향락에서 환상을 찾을까? 난 그렇지 않을 거라고 생각했다. 인도라는 땅과 그 품어 안고 있는 열기가 그걸 허락하지 않을 것 같았다.

태어나고 죽는 것 자체가 환상인 이 나라에서, 굳이 그 흔하고 지천인 환상을 위해 술이나 또다른 자극을 찾을 이유가 술꾼인 내가 보기에 앞으로도 많을 것 같지 않았다.

할레비드, 카르나타카

18
인도양의 어부 1994. 이월. 마하발리푸람, 타밀 나두

나는 인도양의 어부. 물푸레나무 셋을 마닐라삼으로 만든 밧줄로 엮고, 나일론 실 끝에 펜 바늘 하나 달린 낚시를 얹고 물 한 항아리, 짜파티 석 장, 그리고 고기 꿰어 둘 아무런 긴 줄 하나. 새벽의 드는 물에 그 뗏목을 몸으로 밀어내어 바다로 나선다. 아침이야 늘 즐거운 시작, 한낮의 타는 듯한 더위에 어릴 적부터 이겨 온 나의 등살은 검게 두터워졌다. 마하발리푸람의 해변, 사원이 보이는 인도양의 낮은 바다에서 나는 시바 신에게 부탁하여 오늘의 고기를 떠 올린다. 바다는 가슴에 담겨 있는 파란 연못, 젊은 시절의 바다는 아내 샥티의 젖가슴처럼 나를 두근거리게 했다. 간혹 먼 바다의 갈매기가 눈먼 고기들을 물어 갈 때도 나는 미끼 하나 더하지 않았다.

세상은 큰 하나의 미끼. 오직 몰래 흘러가는 세월이 바다의 정직함에 미끼의 그림자로 드리워 마음 어두워지기도 했다. 내 나서 자라고 늙을 때까지 큰 난리 한 번 지나가지 않은 고마운 이 남쪽 바다 내 고향. 하루가 언제 끝나도 좋았다. 일 루피나 십 루피나 혹은 세상의 그릇들의 속 굽 높아져 그것이 이십 루피가 되더라도, 하루 잡이 고기의 숫자는 내 평생 변함이 없다. 시바 신의 도움으로 낚싯줄에 연이어 물리는 고기를 꿰어 돌아오는 시간이 이른 낮이더라도 나는 싱긋거리지 않고, 한밤이 넘어도 한 마리 없이 초승달 가슴에 안고 돌아오는 새벽이라도 나는 슬프지 않다.

멀리 해변 사원의 돌로 된 신들은 풍족한 몸피를 바위 벽에 붙박고 기대어 서서 작은 달빛을 받으며 타밀 나두의 빠르고 조용한 노래로 돌아가는 나를 위로하고 있다. 나는 이 뗏목이 나갈 수 있는 만큼만의 인도양을 안다. 간혹 먼 바다로 나간 열 개를 겹쳐 만든 굵은 뗏목엔 네 사람씩이나 타고 며칠을 바다를 휘저어 오곤 했다. 그런 날들이 지나면 밀떡들을 많이 나누는 이웃들이 고마왔다. 사람들은 뗏목의 크기만큼 아내들의 팔목에 예쁜 팔찌를 끼워 주기도 하지만 아내 샨티는 유리팔찌 몇 개로도 늘 아름다웠다. 소금물에 절은 물푸레나무만 강한 껍질 가진 게 아니다.

나의 이생의 이 자랑스런 손에도 인도양이 단련시킨 단단하고 억센 껍질이 둘려 있다. 그 아름다운 내 손껍질로 고기의 몸 부딪음이 온다. 나는 멀리 황막한, 냉정하게 푸른 끝없는 블루를 본다. 그 끝없이 푸르고 깊은 바다의 한 좌표에서 물 위의 한 좌표로 가느다란 줄을 통하여 몸을 부딪는 신호가 오는 것이다. 이 사랑스럽고, 친밀한 몸의 신호. 나는 물푸레나무 껍질 같은 내 손으로 나의 신호를 보낸다. 해변 사원을 사이에 두고 따로따로 떨어져 이제까지 살아온 우리의 부딪힘. 서로를 확인한 우리가 오늘은 이렇게 가랑비 오는 인도양의 오후에 삶과 죽음의 내일을 같은 가슴으로 안고 만나는구나. 이 물고기로 다음 장날에는 어린 샨티의 터번을 사 주어야겠다. 분홍빛의 터번을 쓸 샨티. 그도 나처럼 인도양의 어부로 해변 사원의 시바 신께 인도양을 만나게 해 달라고 빌 것이다. 할아버지 샨티가 그러셨고, 아버지 샨티가 그러셨으며, 내 아들 샨티도 그럴 것이다.

나는 인도양의 어부. 나는 하루에 두 마리의 물고기를 잡는다.

인도양의 어부. 마하발리푸람, 타밀 나두

19
환상을 찾아서 1994. 칠월. 스리나가르, 카슈미르

가령 이틀 밤을 세워 사흘째 아침에 겨우 도착한 어느 목적지가 황폐한 사막이거나 풀 한 포기 없는 고원의 산맥 한가운데라 하더라도 여행은 '갈 수 있다'는 그 하나의 문장 때문에 우리에게 생기를 불어넣는다.

직각으로 꺾인 버스의 의자에 몸을 의지하면 키가 제법 큰 나는 점토 인형을 꺾어서 의자에 붙여 놓은 것 같은 부동의 모습이 되었다. 몸을 아무리 뒤척여도 내게 주어진 길이와 공간은 불변인 그 버스의 낡은 스피커에선 밤새도록 빠른 템포의 인도 유행가가 폭발하는 음량으로 터져 나오고 있었다. 라비 샹카의 시타르 연주는 아예 바라지도 않지만, 소리의 크기만이라도 조금 작았더라면 나는 그 고문 같은 좌석의 괴로움을 그리 비통해 하지는 않았을 것이다.

대개 인도의 버스는 고급일수록 – 디럭스, 수퍼 디럭스, 수퍼 디럭스 에어컨디션드 등등 붙을 수 있는 관형사는 다 동원한 – 운전석과 승객석을 밀폐된 칸으로 막아 두는데, 그 운전수의 신념 가운데는 "대저 승객이란 것은 운전수의 취향에 대한 존경심을 가지는 것이 그들의 의무이다"라는 도저한 것이 있어서 아무리 달래고 얼러 보아도 그 인도의 노래는 밤새도록 끝없이 터져 나왔던 것이다. 진저리를 치던 서양 친구 하나가 그들의 노래 테이프 하나를 운전수에게 주면서 그것을 틀어 달라고 부탁을 하지만 우리의 도저한 운전수는 인도식 예의로 정중히 거절한다.

그 낙타 같은 의연하고 끈질긴 운전자세를 조금도 흐트림없이 길다란 손가락을 손목 부분에서 스냅을 주어 마치 소켓에 전구를 끼우는 것처럼 한 번

마을의 간이재판. 마날리, 히마칼 프라데시

횡그르르 돌리고 나면 그는 예의 그 낙타 같은 표정으로 밤의 길에다 눈을 주고는 미동도 없다. 그 손목돌림의 우아함에는 우리 이방인들의 씩씩거리던 거친 숨도 잠시 잠잠해져야 한다.

우리는 그예 포기하고 만다. 그리고 그 고문 같은 인도에 빠져든다. 저항의 끝에는 포기도 있었다. 아니 인도에서의 모든 저항은 처음부터 포기를 예상하고 있었는지도 모를 일이다.

그런 이틀 밤의 여행으로 온몸이 물에 부푼 밀가루 빵처럼 힘없이 확산되어 있을 때, 우리는 문득 꿈속에서처럼 새로운 고장에 닿는 것이다. 사막에 떠오르는 황금빛 성, 혹은 고원에 흔들리는 끝없는 초원을 만나는 것이다. 아직껏 경험할 수 없었던 새로운 하늘과 새로운 지평선이, 지쳐서 기진한 몸과 마음을 제때에 맞춰 되살려 주는 야릇하게 맞아떨어지는 이상한 위로가 인도의 곳곳에 숨어 있었다.

가령 새벽 두 시에 기차가 파트나의 중앙역에 닿았을 때, 역사를 가득 메우고 또 넘쳐서 역사 앞의 보도에까지 주절고 앉아 있는 인도인들의 그 졸음끼라고는 전혀 찾아볼 수 없는 까만 눈동자들을 보는 순간, 설명치 못할 커다란 위로가 온몸으로 급속히 퍼지면서 지친 몸의 중심으로 까닭 모를 힘이 관통해 가는 것을 느끼는 것이다.

그날, 북인도 카슈미르의 주도인 스리나가르에 도착했을 때, 델리의 인도인들이 왜 카슈미르행을 말렸는지 그 이유를 천천히 알아 가게 되었다. 카슈미르 주 경계선을 넘어서면서부터 반복되던 정부군에 의한 검문은 거의 삼십 분 간격으로 잦아졌다. 스리나가르에 도착하니, 한낮에도 방탄복을 입은 완전무장한 정부군들이 시가지 곳곳을 삼엄하게 경계하고 있었고, 도시는 그 풍

캘커타, 에스트 벵갈

광과는 어울리지 않게 얼어붙어 있었다.

스리나가르 고원 분지의 입구에서부터 펼쳐지는 녹색의 고원 평야는 마치 스위스의 여느 풍경을 연상케 하는데, 허리를 구부리고 들일을 하는 그곳 농부들의 모습은 한국의 그것과 흡사했고, 열사의 땅을 거쳐 온 나그네에겐 마치 고향의 광경을 보는 듯했던 것이다. 그 해발 이천 미터의 고원에 떠 있는 호수에는 하오의 햇빛을 받아 부서지는 유리조각처럼 빛의 파편들이 흔들리고 있었다.

같은 하우스 보트에 묵고 있는 필립이라는 영국 친구는 밤의 보트 지붕 위에서 해시시를 피운다. 머리를 빡빡 밀고 어딘가 병기가 있는 얼굴의 그는 이제 갓 스물이 된 앳된 청년이다. 마치 북아프리카에 사는 아랍인과 같은 얼굴을 가지고 있다. 착하다 못해 슬프기까지 한 순진함을 지닌 그가 처음 만난 내게 제 가정 얘기를 하며 고민을 털어놓았다. 아버지는 캐나다에서 교향악단을 지휘하는 유명한 음악가지만, 필립이 일곱 살 때 어머니와 이혼하고 지금은 오페라 가수와 재혼했다고 한다. 쓸쓸히 웃으며 아버지가 보고 싶다고 하는 그의 표정에는 전혀 미움의 감정이 없다.

내게 해시시 쌈지를 열어 보이면서 권한다. 그의 움푹 팬 깊숙한 눈을 가만히 들여다본다. 이미 해시시의 기운이 많이 돌아 있는 것 같다. 왕립미술관에서 저녁 늦게까지 일하는 어머니가 불쌍하다고 말하는 필립. 영국은 과거의 지나간 영화를 반추하면서 사는 늙은 과부와도 같다고 말하던 필립. 그 스물의 필립은 여행 경비가 떨어져 지금 이 보트에 묶여 있다. 영국의 어머니에게 송금을 부탁하는 전화를 매일 걸고 있었다.

영악한 보트의 주인은 그 필립의 등을 두들기며 "너는 언제까지나 이 보트에 머물 수 있다. 너는 내 형제다"라고 말한다. 취한 필립이 그 말의 본뜻을 바로 알아듣는지 어떤지 알 수가 없다. 필립이 이렇게 말한다. "김! 여기가 파라다이스다. 나는 이 고원의 호수에 누워 하늘을 바라보면서 파라다이스를 느낀다."

그래. 누가 뭐라고 해도 스리나가르의 밤하늘, 별이 가득 담긴 둥근 밤하늘은 파라다이스다. 한밤의 시가지에서 로켓포가 터지는 소리가 요란하고, 사람들은 아무도 드러내어 정부에 대한 비판을 말하지 못하는 묶여 있는 답답한 도시에서라도 고원의 밤하늘은 환상적이라는 말 외에는 다른 표현을 찾을 수가 없었다. 한 번 자기 말을 꺼낸 필립은 그걸 주워 담지 못하고 끝없이 혼란한 얘기 속으로 빠져든다.

사람들은 환상을 찾아서 인도에 오는 것인지도 모르겠다. 그 전 해의 여름, 바라나시의 한 여관에서 한낮 내내 옥상 아랫방에 누워 죽은 듯 잠을 자던 일본 청년들이 저녁이 되면 유령처럼 부스스 일어나 밤새도록 둘러앉아 해시시를 피우는 광경을 본 적이 있다. 그러나 인도의 어느 구석에라도 환상은 지천으로 있다. 그저 주어지는, 공짜로 주어지는 환상을 끝내 찾지 못하는 사람들은 어쩌면 남들보다 훨씬 더 날카로운 신경의 모서리로 인해 고통을 받아 왔을는지도 모르겠다. 상수도와 하수도를 같은 물로 돌려 가며 쓰는 이 호수의 보트에서 나는 오랜만에 길고 환상적인 휴식을 취할 수 있었다.

캉크롤리, 라자스탄

20
라다크에서의 예수 1994. 칠월. 레, 라다크

아테네로부터 반도 남단의 수니온 곳을 향하여 가는 길은 애게해에 연한 긴 낭떠러지 위로 나 있었다. 그 길의 끝에는 포세이돈의 신전이 있다. 그 해안 도로의 곳곳에 바다를 향하여 이런 빗돌들이 서 있었다. "마리오, 내 사랑하는 아들, 주님의 곁에서 평안하거라."

카슈미르에서 라다크로 가는 히말라야 산맥의 낭떠러지에도 이런 비석들이 있다. "19XX, 3월 7일, 라주와 수니타가 여기 잠들다."

어떻게 그 긴 산맥을 넘었는지 기억도 확실치 않다. 산맥길 오백 킬로면 평지로는 그 서너 배는 된다. 이틀 만에 스리나가르에서 라다크에 닿았다. 가령 삼각형의 키 큰 산 하나 있다 하자. 사람들은 밑변부터 시작하여 밑변에 평행되게 무수히 많은 줄을 긋고 그 줄에 맞추어 조각하듯이 산허리를 파냈다. 그 산에 파인 흉터 같은 길로 끝없는 수평운동을 하면서 조금씩 고도를 높여 이윽고 산 하나를 넘는다. 그렇게 대 히말라야의 서부 사면을 이틀에 넘었다. 그런 산맥을 넘으면서 지중해의 해변에 서 있던 비석들이 생각났다. 소박하기로 하면 그리스인이나 인도인이나 비슷하다. 비석들도 그 주인들의 분위기를 닮고 있었다.

레에 닿았다. 해발 삼천오백 미터. 그냥 서 있어도 숨이 찼다. 밤에 두세 번 깨어 숨을 모은다. 물을 많이 마셨다. 적혈구 수를 빨리 증가시켜야 한다. 산소가 적으니 실어 나를 그릇 수라도 많아져야 한다. 고양이처럼 살살 돌아다녔다. 오백 년 된 레 왕궁에 새벽에 갔다가 정말 죽은 고양이도 봤다. 그곳 말

레, 라다크

로 절을 '곰파'라고 부른다. 그 왕궁의 하나를 스님들이 곰파로 무단 용도변경하여 쓰고 있다. 불러 보았다. 묵묵부답. 귀찮게 해보았다. 창이 반쯤 열리고 빤질한 사미승 하나가 나와 돌을 던질 기세다. 나는 그대로 문을 밀고 들어갔다. 주지 스님께 문안하고 오 루피를 시주했다. 티벳류의 독경소리. 무슨 땅 저 깊은 곳에서 죽은 자들이 용암으로 변해 웅얼거리는 소리 같다. 한도 끝도 없이 명부(冥府)를 불러내고 있는 듯한 저 탄트라의 소리. 나는 주지 스님을 담장 앞에 세우고 레 시내 전체를 한 장 찍을 수 있었다.

오전에 이 도시의 뒷골목을 뒤지고 다닌다. 염소의 머리를 댕강 잘라 판다. 몸을 해부학적으로 나누는 게 아니라 완전히 기하학적으로 나누고 있다. 꼬리에서부터 잘라 팔기 시작하면 정확히 머리를 향하여 센티미터 단위로 꼬박꼬박 자른다. 무 잘리듯이 잘리운 고기들이 여기저기 달려 있다. 서양 사진가 하나가 얼마인가를 주고 그걸 열심히 찍는다. '염소 기하학은 네팔이 세계 최고요.' 그 말이 목구멍에 걸려 있었다. 말을 아껴야 한다. 적혈구가 모자랐다.

그런 후에 나는 곰파들을 찾아 나선다. 이건 순전히 초대받지 못한 손님이다. 그 명부의 소리를 따라 귀신처럼 홀려서 여러 골목을 지나고 어느 방 앞까지 가기만 하면 된다. 어느 낡은 곰파의 옥상에 있는 방이었다. 도중에 절 부엌의 라다키 공양주 아줌마가 하는 라다키 욕은 내가 못 알아들으니까 수양에 보탬이 된다. 젊은 라다키 스님이 한 시간쯤 예의 그 명부의 노래 같은 독경을 끝내고, 제 방으로 데려가 차를 내준다. 파리하게 숨차하는 병색의 순례자가 아닌가. 나는 두 잔을 거듭 마셨다. 그 스님이 아주 폼나는 명함을 한 장 준다. 문명세계의 흉내. 지질(紙質)이 그만이다. 영어로 씌어 있다. 얼굴 한 번 보고 명함 한 번 보고. 뭔진 모르지만 켕긴다.

"코리안 곰파?" 스님이 말했다. 그를 따라 해발 백 미터를 더 올라간다.

세상에! 나는 거기서 한국 절을 만났다. 정묵 스님. 오랜만에 한국 음식 티가 나는 먹이를 대접받았다. 이층으로 올라가 불단에 향을 켜고 동쪽을 향해 재배했다. 할머니의 기일이었다.

밤에 자스민 차를 마시며 동행한 성능 스님과 별 공부를 했다. 스님은 덕숭문중의 수좌시다. 하늘이 그야말로 별로 만원이었다. 은하수를 갈라 견우와 직녀, 카시오페아와 전갈좌, 목성과 금성, 북두칠성과 남두육성, 꿰뚫고 계신 스님의 그 좋은 강의를 듣는 내 머리가 도대체 따라가지 못하고 있다. 에라 모르겠다. 하늘, 그래 밤하늘 봤다. 만원으로 빽빽한 밤하늘 하나 봤다. 그렇게 일기에 적어 두었다.

모르는 사람들이 많지만 레를 얘기할 때는, 예수를 뺄 수가 없다. 전설 같은 얘기지만 예수는 그의 공생활을 시작하기 전, 십 년 동안에 인도를 다녀갔으리라는 추측이 있다. 예수뿐만 아니라 세례 요한도 그랬을 것이라는 말도 있다. 철저한 고증은 이루어지지 않았지만 여러 문헌에서 그런 얘기가 나온다고 한다.

니콜라스 로도비치라는 러시아 학자가 있었다. 그는 이십 세기 초에 이곳 레에 와서 예수의 행적을 살피고 『라다크에서의 예수』라는 책을 남겼다. 말을 타고 러시아에서 여기까지 오면서 다리까지 부러졌다는 기록이 있다. 레에서 남쪽으로 사십오 킬로미터 떨어진 헤미스 곰파의 다리 밑에서 예수의 인도행이 기록된 문헌을 찾아내었다고 되어 있다. 헤미스 곰파의 다리까지 갔지만 지금은 예의 다리는 찾아볼 수 없고 모든 게 시멘트로 되어 있었다.

인도에서 기독교에 관한 사적은 크게 두 군데 있다. 그것은 올드 고아의 봄 지저스 교회에 안치된 프란시스 사비에르의 시신. 그리고 또 하나는 마드라스에 있는 예수의 열두 제자 중 하나인 도마의 무덤.

그리고 또 하나. 확인은 되지 않았지만 라다크에서의 예수.

그 옛날 실크 로드의 요충지였던 레는 극동과 근동을 잇는 길의 목이었다. 거기로 왔을 예수를 생각해 본다. 대상들을 따라서 날이 좋을 때, 산맥의 계곡을 통해 온다면 히말라야도 그리 어려울 것 같지 않다. 자신의 제자 도마가 뱃길로 인도양을 건넜을 것을 생각하면 육로의 인도행은 오히려 쉽게 이뤄질 수도 있었을 것 같다. 어째서 이 라다크를 택하여 왔을까.

알렉산더 대왕의 그리스 군인들에 의한 인도 원정 이후로 인도의 명상가들에 대한 서양사람들의 관심은 계속되었을 것이라고 상상해 본다. 그런 명상가들이 수련하는 곳으로서의 히말라야. 그 속의 요충지, 레와 라다크. 아마도 예수뿐만 아니라 당시의 근동이나 서양에서 대상로를 따라 지혜를 구해 인도로 온 젊은이들이 더러 있었을지도 알 수 없다. 정통 기독교 신학은 웃어 버릴 테지만 만약 예수가 동쪽으로 왔었다면 인도로 왔을 것이고, 인도로 왔었다면 반드시 히말라야가 있는 북쪽으로 왔을 것이라고 나는 믿고 싶어진다.

밤에, 그것도 보름달이 뜬 한밤에 깨어나 여관의 지붕에 올라가 주위를 둘러본다. 가까이 멀리 달빛에 비친 메밀꽃들이 그야말로 소금을 뿌린 듯이 희다. 멀리 둘러쳐진 산맥들의 끝을 본다. 풀 한 포기 없다. 바위와 흙으로만 된 그런 척박한 산을 보고 있으면 여우도 굴이 있으되 인자는 머리 둘 곳이 없다는 성경의 한 귀절이 생각난다. 멀리서 들리는 개 짖는 소리, 제 그림자를 보고 놀란 듯, 잦아질 듯 이어지고 있다.

타라르 마을

21
칸치푸람의 우주 1994. 이월. 칸치푸람, 타밀나두

칸치푸람,

남인도의 바라나시라 불리는 곳,

그곳에는 우주가 담긴 큰 연못 하나가 있다.

그곳에는 우주를 정결케 씻는 오늘의 인도인들의 갈색의 손마디들이 있다.

사원의 긴 성벽을 한낮의 수직의 햇빛을 머리 위에 바로 이고 한 발자욱씩 걸어 보라.

등 뒤에서 발밑에서 사각거리며 우주가 움직이는 소리가 들리고, 몇 억 광년의 별빛이 떨어지는, 가벼운 어깨 스침을 느낄 수 있을 것이다.

칸치푸람은 오히려 한 우주.

모든 별들의 도착이 지구 위로 들어오는 곳.

그 커다랗고 조악한 무쇠로 된 자물통을 열고 얼굴을 반쯤 넣어 힌두의 신들을 모신 사원의 붉고 어두운 비밀을 들여다보라.

거기 태초부터 웅크린 민속한 윤곽의 뭇 인도인들이 선악은 도무지 분별할 수 없는 우화(寓話) 같은 신들의 얼굴 위에서 즐겁게 웃고 있을 것이다.

아! 칸치푸람. 칸치푸람.

그곳엔 지상에서 단 한 번 만날 수 있는 우주의 축도(縮圖)가 있다.

칸치푸람 사원의 연못가에서 반나절만 앉아 보라.

인도가 어째서 인도인가를,

우주는 왜 우주인지를,

사람은 어찌 처음에 착하게 나왔는지를,

당신의 가슴 한가운데 있는 작고 아름다운 종이 저절로 소리 울리며 날개 짓하며 날아가는 것을 당신 마음의 눈은 또렷이 보게 될 것이다.

칸치푸람, 타밀 나두

22
캘커타의 릭샤 <small>1994. 유월. 캘커타. 웨스트 벵갈</small>

인도의 릭샤. 인력거꾼이라는 뜻의 이 말은 원래는 '릭샤 왈라'이다.

그들은 그 넓은 인도 땅 어떤 골목이라도 다 알고 있고, 어떤 먼 길이라도 갈 수 있다. "날 천국에 데려다 줄 수 있니?" 하고 물으면 두말 않고 데려다 줄 것이고, "지옥에는 어떠니?" 하고 물어도 가장 정확한 번지수로 데려가 줄 것이다.

인도의 릭샤가 못 갈 곳은 없다.

세상에, 버스로 이틀이 걸리는 해발 삼천오백 미터의 히말라야의 산맥을 두말도 않고 넘겠다는 릭샤도 있었다. 하다못해 캘커타 시내를 하루종일 다니면서 천만 명이나 되는 모든 시민에게 다 물어서 하루가 아니라 며칠이 걸리더라도, 나중에야 어떻게 될지언정, 태우는 그 시각에는 손님의 선택에 악영향을 주는 우물거림이 인도의 릭샤에게는 결코 없다.

델리에 처음 닿았을 때, 인도 정부 관광안내소로 가기 위해 오토 릭샤를 타고 갔다. 자신 있게 데려다 준 곳은 비슷한 영문으로 된 다 찌그러진 양철 간판이 달린 델리 변두리의 사설 여행안내소였다. 오두막이었다. 갑자기 주위에서 십수 명의 아이들이 우루루 몰려들더니 날 에워싸고 저마다 까만 손을 벌린다. "에그 루피(일 루피)"를 외치는 것이었다. 후에 알고 보니 인도 정부 관광안내소는 델리 시 한복판에 버젓이 자리잡고 있었고, 지옥과 같던 먼저의 번지수와는 거의 이십 킬로도 더 멀리 떨어져 있었던 것이다.

"얼마니?" 물으면 "애즈 유 라이크"다. 네 좋을 대로라는 말인 것이다. 그러나 내릴 때는 그 유you가 아이I가 돼 버리는 데 문제의 복잡성이 있는 것이고, 간혹 도시의 정반대 방향의 비슷한 간판 – 거의 모든 인도의 간판은 비슷하게 과장되어 있다 – 앞에 부려 놓고는 뒤도 안 돌아보고 삯을 챙겨서 가 버리는 데 문제의 심각성이 있는 것이다. 간혹 어수룩한 여행객들이 못된 릭샤에게 뺨을 맞았다는 말들도 있다. 그러나 그런 릭샤는 아주 소수이고 대부분의 릭샤는 착하다.

오직 캘커타에만이 직접 발로 뛰는 인력거가 남아 있다. 그 외의 인도 전역은 자전거 릭샤나 스쿠터의 동력을 이용한 오토 릭샤이다. 몬순이 온 캘커타의 어느 날 장대비가 퍼붓는 속을 달리는 릭샤들을 본 일이 있다. 온몸에서 김이 무럭무럭 나는 릭샤들의 몸은 대개 인도의 말처럼 깡말라 있지만 그 눈들은 맑다. 겨운 노동이 그들의 눈에서 불필요한 기름기들을 다 씻어 간 것일 게다. 캘커타의 인력거 릭샤들은 손에 조그만 종을 호각처럼 지니고 다닌다. 그 릭샤 중의 한 사람을 하우라 다리 위에서 사진 찍었다. 착한 릭샤는 즐거운 신혼부부를 태우고 있었다.

릭샤 왈라. 캘커타, 웨스트 벵갈

23
수잔나의 눈물 1994. 이월. 함피, 카르나타카

함피의 낡은 사원을 돌고 있었다.

거기 수잔나가 있었다. 윤곽이 뚜렷한 스패니시였다. 햇빛에 드러난 팔뚝은 피하지방 하나없이 피부 아래로 정맥이 그 두께대로 솟아 있었다.

함피는 말없이 해가 지고 있었다. 황량한 아름다움, 질서 없는 아름다움의 극치. 이런 것이 함피다. 삼천만 년 전 어느 날 느닷없이 생겨난 화강암의 평원. 잘 닦인 화강암의 공깃돌을 아무렇게나 한도 없이 뿌려 놓은 곳. 작은 것은 사람 키의 두세 배, 큰 것은 사오 층 빌딩의 높이. 그런 돌들의 무덤이 웅기중기 끝없이 펼쳐져 있다. 남인도에서 가장 아름다운 곳.

그런 땅 사이로 물은 흐르고 해는 진다. 까만 색안경을 낀 수잔나는 아르헨티나 여인이다. 변호사. 내가 본 서양인의 골격으론 완벽한 얼굴 뼈를 가지고 있었다.

마이소르에서 다시 만났을 때, 그때도 석양이었는데, 갑자기 눈이 빨개지더니 울었다. 보고 지나 온 불쌍한 인도인에 대한 회상. 아무것도 해줄 수 없는 자신의 무력감. 가까이에서 서양 여인이 우는 모습을 보는 것은 그때가 처음이었다. "난 아무것도 해 줄 수가 없었어." 그리고 그는 프랑스의 마임이스트 마르셀 마르소 얘길 했다.

할레비드라는 시골 도시의 여관에 들었을 때, 저녁을 먹으면서 수잔나는

바라나시, 우타르 프라데시

정말 쓸쓸히 얘기했다.

"너희 나라 사람들이 남미에 와서 욕먹고 있다. 인디오들을 불법취업시켜 혹사한다."

나는 아무말없이 듣고 있었다.

부끄러웠다.

서른둘의 미혼인 수잔나는 그때가 두번째 인도 방문이었다.

먼발치에서 그를 보면 무슨 자그맣고 소박한 요정 하나가 제 사는 세상 또박거리며 다니는 것 같다.

함피의 돌무덤 높은 곳에서 보는 석양이 가장 아름답다고 "비우우티푸울!" 하고 엄지손가락을 들어 보이던 수잔나. 그런 수잔나를 함피에서 만났었다.

수잔나는 눈물을 흘렸고, 나는 부끄러웠다.

바라나시, 우타르 프라데시

24
라지푸트의 춤 1994. 이월. 자이살메르, 라자스탄
| 어느 사막의 여인

오아시스에서는 해가 지평선에서 뜨고 지평선으로 진다. 아무리 둘러보아도 둥글게 이어진 지평선밖에 없다. 내 평생 아침을 맞았던 곳은 성 밖의 '사가르' 연못이었다. 연못의 아침은 사막답지 않게 신선하다. 황금빛 모래 암석으로 지어진 이 연못가의 정자에서 나는 사막 동쪽으로 떠오르는 해를 본다. 햇살이 비치면 정자는 홀연히 황금의 누각이 된다. 건너편 이슬람 묘지의 공터에 오늘 아침도 떠돌이 일꾼들이 밀떡을 부치고 있구나. 꼭 같은 그 자리, 평생을 보아 왔건만 저 낮고 집 없는 사람들의 흐름은 끝이 없구나. 나는 오늘 하루만큼의 물을 길어 허리 항아리에 담아 떠오르는 해와 더불어 하루를 깨운다.

오늘은 일 년에 한 번 오는 낙타의 날. 나는 이 축제의 한가운데에서 사막의 춤을 출 것이다. 성으로 시집올 때, 서쪽 모래벌판 한 켠에서 여러 평생을 이어 왔던 어머니의 날렵한 칼 한 자루, 왕골 구럭 한구석에 소중히 묻어 왔다. 그 옛날 사막의 라지푸트* 전사들이 델리의 무굴제국과 싸울 때 번쩍였을 날렵한 초승달 모양의 칼. 칼날은 녹슬고 끝은 무뎌졌어도 그 날씬한 몸피는 지난 세월 피보라의 격한 운동을 담아 안고 있다.

나는 낙타 축제 때가 되면 이 칼을 꺼내어 시원한 들기름을 먹이고 한동안 잊어 두었던 내 몸속의 춤사위들을 불러내어 그 속에서 내 오래된 어머니들을 만난다. 어머니의 할머니, 그 할머니의 할머니가 가르쳤을 사막의 춤을 나는 그 긴 세월 속에서 끄집어내어 나의 근육과 무뎌졌던 신경 올실 속으로 불어

라지푸트 | 라자스탄 사막의 무사 계급

캘커타, 웨스트 벵갈

넣는 것이다. 서양에는 기사들이 있었다지. 라자스탄에는 라지푸트가 있었다. 그 중에서도 사막의 라지푸트, '바티 라지푸트'는 무적이었다. 내 할아버지의 할아버지들이었을 그들은 인도 전체에서 그 용맹이 경악스러웠다.

죽어간 남편이 남긴 사라센 초승달 칼로 아내가 춤을 춘다. 그 춤은 늘 밤에만 추어진다. 보름달이 뜬 사막의 모래밭에서 따불라 북소리에 맞춰 손목과 발목에 금장식을 짤랑거리며 남편의 칼로 하늘을 그으면 아이들과 남은 남정들은 자신들에게도 다가올 박동 세찬 사막의 운명을 생각하곤 했다. 사막이 영원한 고향이었으므로 우리는 춤을 추어야 했다. 사막을 단지 지나갈 뿐인 사람들이 우리를 명령할 때, 우리 할아버지들은 기꺼이 그 목숨을 바쳐 저항했다.

스쳐 지나가는 사람은 사막의 심장을 껴안을 수 없다. 사막을 가질 수 있다고 생각하는 사람들이 그 아름다운 사구에 말뚝을 박을 때, 우리 할아버지들은 그들의 가슴에 칼을 꽂았다. 땅에 금을 긋는 사람들은 사막의 아름답고 웅혼한 노래를 들을 수가 없다.

사막은 사막의 사람들을 낳아서 기른다. 사막의 사람들은 사막으로 돌아간다. 이 기나긴 진리를 우리네 사막 사람들은 한시도 잊은 적이 없다. 나는 오늘 밤을 위해 깊숙이 묻어 두었던 칼을 꺼낸다. 올 해에는 딸년과 함께 이인무를 추어야 한다. 사막의 한밤에 사라센의 칼로 춤을 추면 사막으로 찾아온 극성스런 델리의 사람들이 환호하곤 했다.

세상은 많이 변했다. 내 어린 시절에는 아직 라지푸트의 전사가 살아 있었다. 같잖은 세월. 내 살아 생전의 이 짧은 세월에 그런 아저씨 라지푸트들은 하나씩 늙어서 죽어 갔다. 이젠 내 춤사위 집어내어 꾸짖을 어른 한 분 없다. 우리에겐 오백 년 전의 무굴제국이나 이백 년 전에 왔던 영국이나 오늘 밤, 델리에서 오는 문화성 장관이나 아무도 다르지 않다. 우리는 사막의 꿈을 안고 살아가는 족속일 뿐. 이 나라의 가장 두텁고 부피 좋은 터번만이 우리의 상징이 되어 버린 오늘, 오늘 밤의 내 춤사위 어딘가에 묻어 있을 라지푸트 할아버지들의 용맹함이 한 켠에 숨어 있을 사막 아이들의 피를 깨워 일으키기만 한다면, 까짓 여느 귀찮은 허드레의 인사치레 아무것도 없어도 좋을 듯하다.

나는 딸 아니타의 몸을 '사가르' 연못의 물로 부신다. 눈부신 아니타의 젖가슴. 내 젊은 날을 본다. 성으로 시집오기 전, 어머니도 나를 이렇게 씻기셨지. 사막의 열매에서 얻어 온 향으로 딸을 두른다. 춤이야 재주가 아니라 우리 핏속에 녹은 사막의 노래에 맞추어 추는 것이라 어머니는 말했었다. 하루가 가고 서쪽 지평선으로 해가 진다. 내 떠나 왔던 서쪽의 사막으로 해는 진다. 이제 밤이 오면 우리 모녀는 사막의 무대에서 칼춤을 출 것이다. 라지푸트의 옛춤을 출 것이다. 내가 딸에게 말한다. "모든 것을 사막의 노래에 맡겨라. 할아버지의 칼에 맡겨라. 우리는 그저 사막의 칼을 이어주는 여인들에 불과할 뿐."

자이살메르, 라자스탄

25
황혼의 몽따부 1994. 이월. 몽따부, 라자스탄

평화는 어디에나 있고, 평화는 어디에도 없다.

라자스탄에는 사막만 있는 줄 알았었다. 희한하게도 그런 사막이 전혀 지겹지 않았던 것은 순전히 낙타 때문이었다. 세상의 온갖 날렵한 것을 지긋이 눈감고 바라보면서 '괜찮아, 다 괜찮아' 하는 그 낙타들 때문이었다. 그런 후에 나는 사막 남쪽에 인도의 젖가슴처럼 서 있는 몽따부로 갔다. 사막에 떠 있는 해발 천이백 미터의 산. 그렇다. 북부의 히말라야에 비긴다면 이건 열네 살 소녀의 젖가슴이다. 사막 동네 자이살메르에서 버스로 꼬박 열두 시간을 갔다. 거기 몽따부가 있었다.

바람은 부드러웠고, 햇살은 맑았고, 사람들은 착했다.

"너는 네가 누구인지 아니?"

영국에서 간호 공부를 했다는 사십 세의 말레이지아 여인 '탄'이 물어 온 말이었다.

"너는 그럼 너를 누구라고 생각하니?"

내가 바로 되물었다.

"더 소울 the soul"

"무엇이 소울이니?"

내가 다시 물었다.

푸쉬카르, 라자스탄

"슈프림 갓 supreme god"

몽따부의 정상에 세워진 세계평화대학이라는 아쉬람은 유명한 여자 요기를 신의 현현(顯現)으로 받들어 모시고 있었다. 탄은 인간으로 현현한 그의 신을 내게 전하기 위해 안간힘을 쓰는 것이었다.

드넓은 아쉬람의 경내는 평화를 찾아서 제 것으로 하기 위해 지구 저편에서 온 사람들이 흰옷을 입고 묵언으로 거닐고 있었다.

평화는 과연 가르쳐질 수 있는 것인지.

나는 그 평화대학의 대강당에 한국어 통역실이 따로 마련되어 있는 것에 놀랐고, 탄이 접근하는 방식이 한국의 유사 기독교 집단의 그것과 동일한 것임에 놀랐고, 평화를 말하던 탄의 눈에 담긴 쓸쓸함을 읽고 다시 한 번 놀랐었다.

사람들은 혀로 평화를 말하고
손으로 평화의 집을 세우지만
평화를 찾고 있는 동안은 그 눈만은 항상 쓸쓸하다

어느 이른 아침, 뭇새들에게 가난한 쌀알을 나누는
인도 여인의 가늘고 긴 손가락에서
나는 평화를 본다
봄베이 빅토리아 역 앞 노점상의
그 긴 아침의 합장에서
나는 평화를 본다

푸쉬카르, 라자스탄

하리잔 | 불가촉 천민. 간디는 '신의 아들'이란 뜻으로 이 이름을 불렀다.

새벽의 산기슭에서, 아침의 짜파티를 굽는 하리잔*의

그 선한 손놀림에서

모포를 뒤집어쓴 그들의 눈가에 나타난

희미한 수줍음의 웃음 속에서

나는 평화를 본다

사람에게 전혀 무서움을 타지 않고 느리게 움직여 가는 야생동물의

그 편한 몸놀림에서

나는 평화를 본다

이름 없는 고양이에게 베풀어지는 새벽의 한 접시의 우유에서

나는 본다, 평화를

웃음으로 끝나는 그 모오든 선한 인도의 눈망울에서

나는 평화를 본다

"아 유 해피?"라고 물으며 단번에 백 루피를 깎아 주던

그 선한 사막의 여관 주인에게서

나는 평화를 본다.

"탄, 평화는 그곳을 목적 삼을 때는 멀어지기만 하는 신기루와 같은 것이야."

떠나올 때 나는 가만히 속으로 말해 주었다.

산정 호수에 어둠이 내리고, 물고기들의 호흡이 차츰 재빨라졌다. 착한 인도인 하나가 물고기들의 저녁을 호수 속으로 던져 넣고 있었다. 그건 잘 반죽된 짜파티 굽는 밀가루였다.

그 밀가루 덩이가 떨어져 호수는 이리저리 동심원을 그리고 있었다. 그 동

심원을 따라, 황혼의 호수에 평화가 퍼져 나가고 있었다.

평화는 어디에나 있고, 평화는 어디에도 없다.

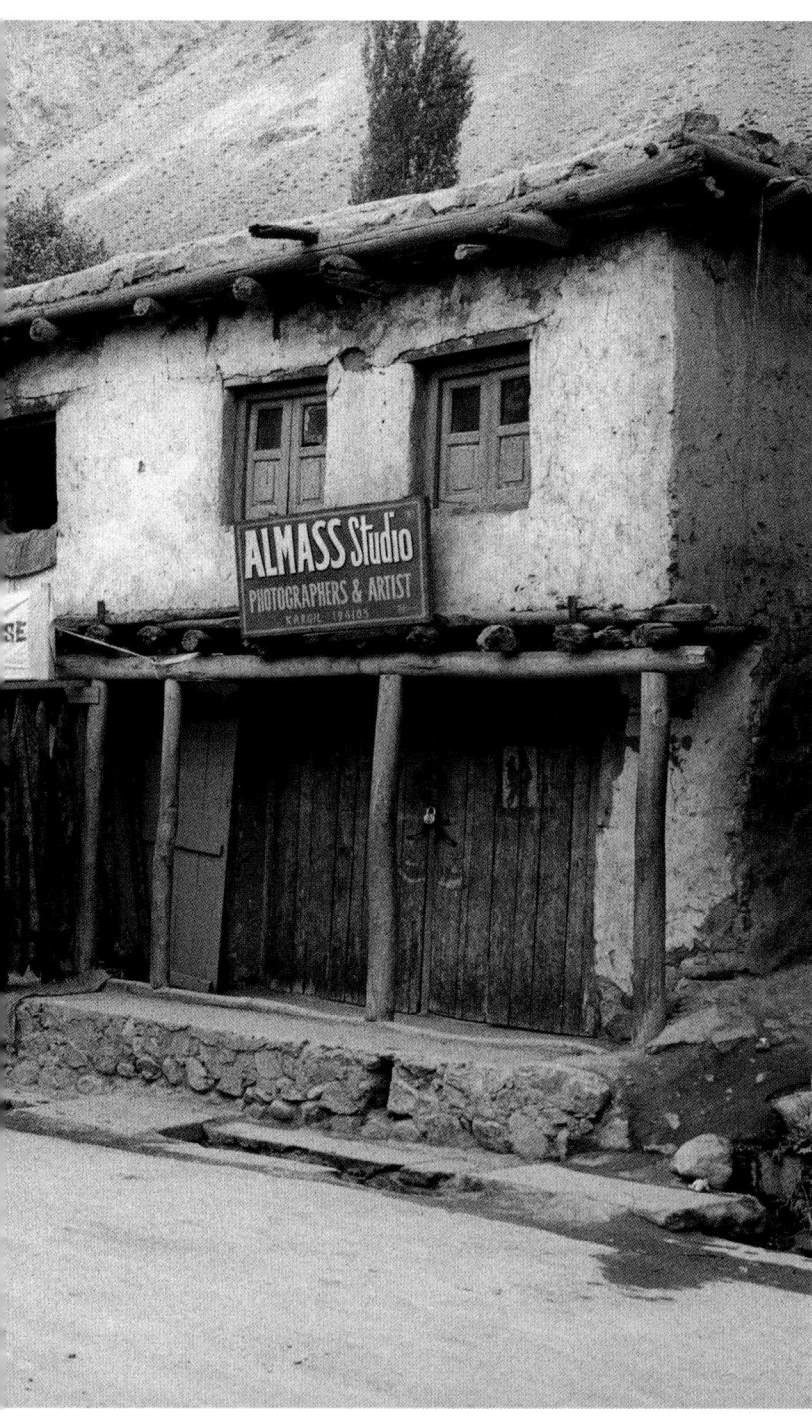

카길, 카슈미르

26
소의 나라 1994. 칠월. 비하르

그것은 서벵갈 주에서 비하르 주로 가는 기차 안에서 본 모습이었다. 멀리 드넓게 펼쳐진 평원이 계속되었다.

소와 소년이 보인다. 소년은 그 소의 꼬리를 소에 대한 배려라고는 전혀 없이 모든 체중으로 잡아당기고 있었다. 소는 유유했다. 제 꼬리의 장력과 꼬리 안에 묻힌 뼈와 힘줄의 강도에 대해 전혀 걱정 없는 몸짓으로 소년의 갖은 짓거리를 모른 채 내버려두고 있었다.

넓은 들엔 삼모작이라도 할 것 같은, 때 이르게 익어 가는 벼들이 풍성했다. 군데군데의 물웅덩이에선 아이들과 물소들이 함께 목욕하는 정경. 새빨간 사리의 여윈 여인네들이 머리에 무엇인가 이고 철로 변의 둔덕을 걸어가는 모습들. 도대체 인도의 여인네나 노인이나 할 것 없이 그 전혀 에누리 없는 새빨간 색에 대한 선호는 사람을 아예 기죽게 한다.

사람이나 동물이나 자연 모두가 라르고의 느린 모습. 그것이 지구의 속도에 걸맞은 빠르기라도 되는 것인 양 느리게 움직여 가는 것이었다. 해는 천천히 서쪽 평원으로 넘어가고 있었다.

인도에서 소를 숭상하는 것은 그들의 종교적 관습이다. 그러나 그것이 결코 인간 위에 군림하는 경직된 신앙이 아니라는 것은, 1971년의 기근 때 비하르 주에서 많은 수의 소가 도살된 것을 보아도 알 수 있다. 종교의 외연으로 설명되면서도 그것만으로는 완전치 않은 소에 대한 보호, 그 경외에 대한 현실적인 이

유는 따로 있는 것으로 보인다.

우리는 인도에서 소를 숭상한다는 말을 하고는, 인도가 약간 덜된 사람들이 사는 나라라는 느낌을 받는다. 소를 숭상해? 길을 가는데도 소에게 우선권이 있고, 소를 다치게 할 수 없을뿐더러 사람들은 굶어 죽어 가면서도 소를 죽여서 식용으로 하는 것은 생각도 못하는 나라. 헌법에 소의 권리가 보장된 유일한 나라. 소 요양원이 있고 소 양로원이 있는 지구상의 유일한 나라. 소를 신앙의 대상으로 숭상하는 나라. 이쯤 되면 세계 일류가 되기 위해 무한경쟁을 하고 있는 우리가 할 수 있는 말이 하나쯤 있다. 미개. 미개인. 웃겨.

"인도요? 아! 그 발리 섬, 거길 갔다 오셨다구요."
"아니라고요? 예? 아아, 그 인도요."
"아아, 그 소 많은 인도요."

어린 소와 늙어 가는 소, 그리고 죽어서 해체되고 풍화되는 소를 인도에서 본다. 바라나시의 새벽에, 담벼락에 밀쳐져서 앞다리가 줄로 묶인 채 젖짜기를 하는 소들은, 해가 중천에 오르면 저마다 그 성스런 도시를 어슬렁거리면서 하루의 칼로리를 채우고 있다. 새벽의 주인들은 어떻게 자기 소의 소재를 아는지. 정확히 제 소를 찾아내어 그날의 젖을 짜내고 있는 것이다. 종이와 꽃과 건초와 생풀과 가끔 셀로판지에 쌓인 문명의 찌꺼기들도 소들의 양식이 된다. 미국의 소에 비하면 젖의 양은 십 분의 일밖에 안 되지만 먹이의 양과 젖의 양을 비교하면 인도 소가 한 배 반의 효율을 가진다. 그건 사람도 마찬가지여서 미국인이 한 해에 쓰는 에너지의 양이 12톤에 해당하는 무게라면 인도인의 그것은 오 분의 일 톤밖에 되지 않는다.

쇠고기를 먹기 위해 소를 죽인다면 인도는 자연과 생명의 중요한 사슬 하나를 끊어내 버리는 것과 같다. 인도인의 중요한 양식인 우유와 중요한 땔감인 쇠똥은 살아 있는 소에게서 죽기 직전의 그 마지막의 순간까지 얻어낼 수 있다. 그것을 인도인들은 저 고대적으로부터 알아 왔던 것이다.

그래, 마드라스에는 소 요양원이 있어 병든 소와 집을 잃은 소를 치료하고 보호한다. 그리고 소 양로원도 있다. 인도 헌법은 소의 권리를 보장한 지구상의 유일한 헌법이다.

살아 있는 소를 숭상하는 것은 바로 살아 있는 사람과 살아 있는 모든 생명을 숭상하는 것과 통한다. 그러나 그것은 결코 교조적인 종교에 기인한 것은 아니다. 미국 전체의 자동차에 쓰이는 하루치의 에너지의 양이 인도 전체 소의 일 년치 먹이의 에너지의 양보다 많다고 하는 사실은, 자동차를 숭상하는 우리 문명인들의 몰지각성을 그대로 드러내 주는 작은 지표에 지나지 않는다.

인류학자 마빈 해리스는 이것을 아주 단순한 말로 바꾸어 놓고 있다.

"인도인이 살아 있는 소를 숭상할 때, 우리는 죽은 자동차를 사랑하고 숭상하고 있다."

어떤 것이 지구를 위하는 길인가. 어떤 것이 더 '미개'한 것인가.

우다이푸르, 라자스탄

27
누란의 사랑 1993. 칠월. 바라나시, 우타르 프라데시

펀자비 | 펀잡 지방의 여성 복식의 하나

연둣빛 펀자비를 입은 누란은 눈부시게 아름다웠다. 천민에겐들 사랑이 없을손가. 그날, 누란이 내 손을 끌고 끝없이 펼쳐진 강 동쪽의 갈대밭으로 들어갔을 때도, 맞은편 성스러운 갠지스 강가에서는 연기가 오르고 있었다. 누란은 내 손을 이제 막 솟아오른 봉긋한 제 가슴으로 가져갔다. 나는 내 생전 처음과 마지막으로 짧고 격렬히 요동치는 내 가슴속의 불꽃의 파장을 보았다. 그날 이후 내 가슴은 다 타지 못한 불씨 간직한 아픈 씨방이 되고 말았다.

세월은 흐른다. 천민에게도 세월은 흐른다. 세월은 몬순으로 와서 이 성스러운 강가에 늘어선 석벽에 한 해의 물그림자를 남기고 다음 몬순을 기다리며 갠지스를 굽어보고 있다. 나는 오늘도 도시를 흐르는 강의 하류에서 주검들을 태운다. 까마득한 지난날부터 내 할아버지들이 그러셨듯이 나는 내일도 내년에도, 아마 늙은 말리 아저씨가 죽는 날까지 주검을 태웠듯이 그렇게 주검들을 태울 것이다.

세상은 성스럽고 추한 것들로 모조리 나누어져 있었다. 아득한 옛날, 먼 곳의 사람들이 이 도시를 남북으로 흐르는 강 하나를 사이에 두고 서쪽 강변으로 몰려와 집을 짓기 시작했을 것이다. 꽃은 피어나고 신전은 맑은 종을 울리고 서쪽은 성스러운 곳이 되었다. 착하게 밀려난 원주민들이 갈 수 있는 곳이란 강의 동쪽이었을 것이다. 그러나 새벽의 해는 동쪽 저 먼 갈대숲의 일렁이는 바람 위로 천천히 솟아오른다. 건너편 강가에서 해를 기다리던 순례자들이 차가운 강물로 다투어 들어서는 모습이 개미들처럼 보인다. 십 리가 넘는 긴

불가촉 천민, 몽따부, 라자스탄

강가에 늘어선 천오백 개도 넘는 사원에서 일제히 힌두의 종소리가 울려 나온다. 나는 그 종소리에 맞춰 출라에 불을 일궈 밀떡을 부친다. 일찍 아침을 끝낸 동료들이 강을 등지고 해바라기를 하고 있다. 마치 땅바닥에 무슨 횃대가 쳐진 것처럼 옹크리고 길게 앉은 모습은 영락없는 전선 위의 새들의 모습이다. 천민에게는 기둥을 땅에 박는 단단한 집이 허락되지 않는다.

내 평생은 강기슭의 진흙 모래에 묻혀져 있다. 다행히도 몬순은 기억의 모래들을 해마다 바꾸어 놓았었다. 나는 최후의 배를 저어 강을 건너간다. 오늘도 스무 사람 이상의 주검을 태워야 하리라. 어제는 정확히 서른두 구의 주검을 태웠다. 두 어린아이와 한 젊은 신부는 강으로 흘려 보냈다. 우리에게 숫자의 기억이 무엇이란 말인가. 스물여덟의 여인과 넷의 남정의 구별이 무엇이 대수란 말인가. 태우던 시신이 형체를 완전히 잃은 것을 확인한다. 우리는 재빨리 기슭의 물을 끼얹어 재의 흔적을 지운다. 마르지 않은 긴 대나무 장대로 덜 태워진 몸을 뒤집으면 대나무 끝에 진이 배어 나왔다. 타 들어가는 몸에서도 진이 배어 나온다. 걸음마를 배울 때부터 나는 사람들을 태우고 있었다. 이 땅으로 와 이름 하나 없이 살다 가는 우리들. 할아버지는 그저 사원의 모퉁이 돌멩이로 불렸고, 아버지는 강물 흐르는 어느 굽이 하나로 불렸고, 나는 갠지스를 낮게 나는 물새의 깃털로 불리워진다. 어느 작은 바위 뒤 어두운 그늘의 한구석에서 조용히 숨을 거두는 개미의 일생과도 같은 우리네 삶. 새벽의 바라나시는 남쪽 아시 강으로부터 갠지스의 강물을 실어 온다.

커다란 세례의 강. 사람들의 온갖 소망과 업(業)을 실어 담은 강물은 북쪽의 바루나 강으로 또 그렇게 조용히 흘러간다. 내게 있어 강은 업이 흘러가는 곳이다. 산 자의 업과 죽은 자의 업이 함께 어울려 소리 없는 아우성으로 흘러

개미의 일생 |
조르주 베르나노스, 「어느 시골 신부의 일기」
에서

하교 길, 고아

가는 곳이다. 내 기억의 망막에는 바라나시의 갠지스밖에 없다. 내게 있어 세상은 그것이고 우주 또한 그러하다. 너무도 확실한 사실 하나는 모든 살아 있는 사람은 죽어 간다는 것이고, 이곳 갠지스로 와야 한다는 것이고, 그 살과 뼈는 태워지고 영혼은 하늘로 돌아간다는 것이다. 나는 살아 있는 현자의 얼굴을 본 적이 없다. 나는 미인의 자태도 본 적이 없다. 그러나 죽은 자들은 모두 현자와 미인이었다. 내가 보아 온 것은 수도 없는 주검의 얼굴들. 늦봄이 되면 사원의 이쪽저쪽에서 분홍빛 부겐빌리아가 끝없이 피고 졌다.

  샌들우드의 향은 주검의 연기 위로 그윽히 피어 오르고, 도시의 낮은 하늘은 무수한 새들로 분주했다. 내게도 사랑은 있었다. 우리는 불타고 있는 주검들 사이에서 같이 걸음마를 배웠고, 그 사이를 뜀박질하면서 자랐고, 긴 강을 저어 돌아가는 마지막의 배 안에서 서로의 눈에 비치는 강의 흐름을 들여다보곤 했다. 누란은 동쪽 갈대밭에서 내 손을 끌어 제 가슴에 갖다댔다. 그때, 죽음은 아무데도 없었다. 나는 처음으로 부르르 떨리는, 진정 살아 있는 삶을 느꼈었다. 그런 누란은 어느 해 봄, 말없이 우리 불가촉 천민 '찬달'의 마을을 떠났다. 나는 누란 같은 용기가 없다. 산다는 일은 또 얼마나 풀기 어려운 것인지. 영혼을 그 왔던 곳으로 돌려보내는 일이 왜 천하디 천하단 말인가. 이승에서나 혹 저승이라도, 나는 연둣빛 편자비를 입은 누란의 안티몬같이 까만 눈에 비치던 사랑의 하늘을 꼭 한 번만 더 만나 보고 싶다.

마이소르, 카르나타카

28
꿈꾸는 낙타 1994. 이월. 자이살메르, 라자스탄

낙타를 아는가? 낙타는 사막을 본다. 그리고 사하라보다도 더욱 아름다운 침묵의 사막을 간다. 낙타의 울음은 긴 소의 울음을 닮았다. 아니 그것은 답지 않게도 밤의 고양이의 울음을 닮았을지도 모른다. 아니라면 자지러지는 아기의 울음과도 흡사하다.

태양이 정오를 넘기면 아이들은 한낮의 모래벌판 위에 흰 막대기를 하나씩 들고 까만 염소떼를 몰았다. 멀리서 보면 아이들도 키 큰 염소로 보인다. 그런 때, 어른들은 손바닥만한 가시나무 그늘에 앉아 모이를 잊은 닭 모양, 졸린 잡담을 끝없이 주고받았다.

사막으로 가는 버스는 수명을 다한 늙은 낙타와 흡사하다. 양철 조각으로 누빈 몸뚱이 속을 깡그리 비워 내고 사람들을 실어 담는 것이다. 그리곤 지붕 위에 또 사람들을 얹고, 뵈는 것이라곤 마음속의 길뿐인 사막을 건들거리며 끝없이 달린다.

그 끝없는 길 어딘가에, 마음에 새긴 정류장들 곳곳에, 사막 버스는 사람들을 부린다. 아스라이 저쪽 지평선으로 모래바람이 맴을 돌아 하늘로 떠올랐다 사라져 갔다. 아무리 보아도 길 없는 길을, 한 사람 혹은 두 사람씩 터덕터덕 끝없이 멀어져 갔다. 저 너머 어딘가의 휴식과 평화를 향해….

낙타를 보았는가? 우리는 전날 낙타의 등에 업혀 사막으로 갔다. 낙타의

자이살메르, 라자스탄

입은 크고 이빨은 완강하다. 나는 가시 돋은 사막의 나뭇잎을 가지째 훑어 먹는 낙타의 입을 이른 아침 내내 지켜본 적이 있다. 낙타의 눈은 윗 눈꺼풀이 유난히 넓다. 낙타가 눈꺼풀을 들어올리고 먼 곳을 볼 때면 그 눈은 튀어나올 듯이 굵어지곤 했다.

세상에 낙타만큼 순한 얼굴을 타고난 짐승이 또 있을까. 당나귀가 있지만 인도의 당나귀는 표정이 없다. 사막은 무덥지만 그것보다 더욱 못 참을 것은 그것의 끝없는 단조로움일 것이다. 생각해 보라. 평생을 사막만을 보고 살아가야 하는 낙타의 그 모랫빛 망막을….

그날 우리의 낙타는 끝내, 그 질긴 침묵의 평화를 이기지 못하고 미치고 말았다. 우리의 미친 낙타가 곁의 다른 낙타를 물었다. 낙타의 피는 빨갛다. 나중에 안 일이지만 낙타의 가죽은 얇고 가볍다. 물린 그 낙타는 등에 솟은 굵은 혹을 모래바닥에 붙이고 긴 네 다리를 흔들면서 울었다. 예의 그 소의 울음을, 혹은 자지러지는 아기의 울음을….

우리가 낙타 운전수라고 부르는 낙타 몰이꾼 하나가 가만히 다가가 작은 막대기 하나로 우리의 미친 낙타를 톡톡 때렸다. 그리고 입을 오므려 '우유- 우유-' 하고 소리를 내어 낙타를 달랬다. 미친 낙타는 잠시 눈을 껌벅이며 가만히 서 있는다.

마치 약한 진정제를 맞은 성난 환자와도 같이….

그런 잠깐 동안의 침묵 후에, 갑자기 우리의 미친 낙타가 낙타 운전수를 향해 덤볐다. 운전수는 폭폭 빠지는 모래밭 위로 도망쳤다. 낙타는 빨랐고 운전수는 더 빨랐다. 운전수의 빨간 터번이 나비처럼 날아가고 있었다. 사막은 끝없이 조용했다. 한 이삼백 미터를 도망하던 우리의 운전수는 달려온 다른 운전수들에 의해 구조되었다. 그리고 우리의 미친 낙타는 저 멀리 사막의 구릉 너머로 끌려갔다. 그 길고 큰 입 밖으로 밀려 나온 큰 방석만한 혀를 밀어 넣고 사람들은 끈으로 낙타의 입을 묶었다. 그리곤 하늘과 모래뿐인 그 구릉의 시야 너머에서 사람들은 우리의 미친 낙타의 네 발을 잘랐다. 그 낙타가 어떻게 울었는지 우리는 모른다.

낙타의 긴 뒷다리를 보면 마치 관절 하나가 더 있는 것 같은 착각을 느낀다. 낙타는 길게 걷는다. 해는 사막의 서쪽으로 넘어가고 있었다.

그날 밤, 우리의 미친 낙타는 잘린 다리를 하고, 카시오페아의 긴 걸음을 하늘에서 찾아내었을까. 그 끝없이 질긴 천궁의 평화 속에서….

돌아온 낙타 운전수들은 "크레이지, 크레이지" 하며 쓸쓸함도 없이 말했었다.

나는 석양을 등에 지고 돌아오는 낡은 사막 버스의 지붕에 앉아 사막 저쪽으로 우뚝 선, 불타오르는 인간의 성채(城砦)를 보았다. 발전의 칼날과 꿈의 뿌리들도 보았다. 그리곤 속으로 뇌었다. '크레이지, 크레이지'

우다이푸르 왕궁. 우다이푸르, 라자스탄

에필로그 | 그때 우리는 너무 바빴다

흐린 날이었다. 작은 방은 어지러웠다. 라디오를 켰었던 것 같다. 그리고 한 사람의 죽음의 소식을 들었다. 세상이 바뀔 수도 있다는 것을 처음으로 알았다. 그리고 몇 달이 흘렀다. 그 몇 달 사이 사람들은 많은 것을 보았다. 젊은 여가수의 뒷모습을 보았고, 검고 지친 얼굴의 처단자가 되죽어 가는 모습도 보았다. 하늘은 계속 흐렸고, 극동에서는 시간이 너무 제멋대로 가고 있었다. 그날 우리는 아스팔트 위를 달리는 장갑차를 보았고, 무서운 기사가 실린 다른 나라 신문을 숨죽이며 읽었고, 마침내 중랑천이 아래로 흐르는 다리 위로 가 섰었다.

그해 여름은 어찌 그리도 길었던지. 사람들은 입과 항문이 새까맣게 타버리는 이상한 병들에 걸려 뱉어지지 않는 말 한 마디씩 목울대에 걸어 놓고 서로의 눈동자만 보고 다녔다. 참으로 음울한 시절이었다. 그리고 그는 우리를 떠나갔다. 다른 많은 사람들도 떠나갔다. 사실 우리는 그때 여기에 없었다. 다만 우리의 어느 부분품들, 그래, 조각조각 부분품들만 형체도 없이 여기저기를 바삐 휘젓고 다녔던 시대였다. 슬픈 부분품의 시대. 그러면서 우리는 살아

남았다. 무섭던 세월이 흐른 후 그가 돌아왔다. 우리는 묘지로 갔다. 멧새 한 마리 붉은 황토 위로 뺏종이며 날고 있었다. 한 무리의 무덤이 있고 중간중간에 옮겨간 구덩이가 있었다. "이건 무슨 구멍?" 그가 물었다. "이천만 원." 내가 말했다. 그리고 십 년이 지나갔다. 창밖으로 여름이 서성이고 있었다. 누구인가가 그때, 사람들을 쓰러뜨린 이를 불러 자기편에 앉히고 텔레비전에 나와 이렇게 말했다. "묘지의 해답을 구하지 못하고는 이 땅의 민주주의는 없습니다." 그는 그 묘지의 대표처럼 말했다. 살아남은 자가 죽은 자들을 대표하는 기묘한 시대였. 딴 나라의 책을 펴 읽었다. 칠레의 아옌데가 죽고 며칠 안 있어 친구인 시인 네루다가 죽었다. 그리고 우리와 맞은편 지구의 그 나라에 긴 겨울이 찾아왔다. 그 나라의 재앙도 우리의 것과 너무도 흡사했다. 다른 것이 있다면 그 나라에는 제대로 된 한 사람의 시인이 있었다는 것뿐이었다. 그 나라의 여자 변호사가 거리로 나와 이렇게 말했다. "역사를 어둠으로 몰고 갔던 사람들을 용서하는 길은 그들을 빛 속으로 끌고 나오는 벌을 주는 일뿐입니다.' 우리의 여자 변호사는 어디로 갔는가. 우리는 여전히 해체된 부분품으로 남아 있는가.

　억압된 고독 뒤로 돌아온 친구가 그날 말했다. "우리는 벌레처럼 살아남았구나. 사람들은 쉽게 행복하고 쉽게 잊어버리는구나." 떨어지지 않는 눈물은 붉고 파랗게 방울 맺혔다. 그날 어느 신문의 사설은 이렇게 말했다. "사람들은 모두 도덕적이기를 원하지만 사람들은 모두 비도덕적이다." 신문의 말은 성경보다 더욱 진실했다. 그리고 음울한 십 년의 세월에 창유리에서 노는 파리 한 마리를 끝까지 추적하는 어느 작가가 그 끈질김으로 하여 문단의 찬사를 받았다. 빼어난 기법을 사용하여 인간의 내면을 파헤친 유려한 문장의 작품이라고 평론가는 썼다. 벌레같이 살아남은 사람들이 벌레에 대한 글을 벌레 같은 꼼꼼함으로 읽고 벌레 같은 집요한 묘사에 벌레 같은 상을 주었다. 그 시절 우리는 할말이 많았다. 그러나 할말이 없었다. 우리는 침묵을 채워 넣기 위해서 많은 쓰레기를 일부러 만들지 않으면 안 되었다. 우리는 참으로 많이 만들었다. 그러는 사이 침묵은 어느새 제자리를 잃었다. 자리를 잃어버린 침묵은 지금 이 사막 어디를 서성이고 있는 것일까.

그 시절 우리는 바빴다. 우리의 알리바이는 당당했고, 우리는 참 열심히 살았다. 행복과 경제와 몸값이 사람들을 바쁘게 했다. 그래, 그때 우리 모두는 너무 바빴다. 우리의 시간은 그렇게 흘러갔다. 우리의 시간은 견고한 망각이었다.